Anke Jauch

Die Stasi packt zu

Freiheitsberaubung 1980

AUGUST VON GOETHE LITERATURVERLAG

IM GROSSEN HIRSCHGRABEN ZU FRANKFURT A/M

Das Programm des Verlages widmet sich
– in Erinnerung an die
Zusammenarbeit Heinrich Heines
und Annette von Droste-Hülshoffs
mit der Herausgeberin Elise von Hohenhausen –
der Literatur neuer Autoren.
Das Lektorat nimmt daher Manuskripte an,
um deren Einsendung das gebildete Publikum
gebeten wird.

©2007 FRANKFURTER LITERATURVERLAG FRANKFURT AM MAIN
Ein Unternehmen der Holding
FRANKFURTER VERLAGSGRUPPE
AKTIENGESELLSCHAFT AUGUST VON GOETHE
In der Straße des Goethehauses/Großer Hirschgraben 15
D-60311 Frankfurt a/M
Tel. 069-40-894-0 ✳ Fax 069-40-894-194
E-Mail: lektorat@frankfurter-literaturverlag.de

Medien- und Buchverlage
DR. VON HÄNSEL-HOHENHAUSEN
seit 1987

Websites der Verlagshäuser der Frankfurter Verlagsgruppe:

www.frankfurter-verlagsgruppe.de
www.frankfurter-literaturverlag.de
www.frankfurter-taschenbuchverlag.de
www.august-goethe-literaturverlag.de
www.fouque-literaturverlag.de
www.weimarer-schiller-presse.de
www.deutsche-hochschulschriften.de
www.deutsche-bibliothek-der-wissenschaften.de
www.haensel-hohenhausen.de

Bibliografische Information der Deutschen Nationalbibliothek
Die Deutsche Nationalbibliothek verzeichnet diese Publikation in der Deutschen
Nationalbibliografie; detaillierte bibliografische Daten sind im Internet
über http://dnb.d-nb.de abrufbar.

1. Auflage 2007
2. Auflage 2008
3. Auflage 2009
4. Auflage 2010

Satz und Lektorat: Daniela Frank
Fotoseite: Matthias Jauch
Umschlaggestaltung: Anke Jauch

ISBN 978-3-86548-714-8
ISBN 978-1-84698-044-2

Die Autoren des Verlags unterstützen den Bund Deutscher Schriftsteller e.V.,
der gemeinnützig neue Autoren bei der Verlagssuche berät.
Wenn Sie sich als Leser an dieser Förderung beteiligen möchten, überweisen Sie bitte
einen – auch gern geringen – Beitrag an die Volksbank Dreieich, Kto. 7305192, BLZ 505 922 00,
mit dem Stichwort „Literatur fördern". Die Autoren und der Verlag danken Ihnen dafür!

Gedruckt auf säurefreiem, alterungsbeständigem Papier,
hergestellt aus chlorfrei gebleichtem Zellstoff (TcF-Norm)

Für Sinah

Inhalt

Vorwort

Mit diesem Buch möchte ich die Menschen in Deutschland mahnen, nicht zu vergessen, wie es war, als es geteilt war.

Die alliierten Mächte haben ein Exempel statuiert, wie es für die Menschen nicht schlimmer kommen konnte. Es ist ihnen gelungen ein Land zu zerschlagen.

Ost und West. Nicht unterschiedlicher hätten sich beide Teile entwickeln können. Der Westen frei, unabhängig, weltoffen. Der Osten eingemauert, abhängig, brutaler Drill.

Deutschland muß wieder zu einer Einheit zusammen wachsen.

Liebe ehemaliger DDR-Bürger; seid dankbar über die Wende, die ihr mit euren mutigen Demonstrationen mit herbeigeführt habt.

Auf beiden Seiten muß fair und verständnisvoll umgegangen werden, denn: „Wir sind ein Volk".

Gedenkt der Toten, die nichts anderes wollten, als in Freiheit zu leben, die man grausam an der Mauer ermorden ließ.

Vergeßt uns nicht!

Verdrängt im pulsierenden Leben dieses Stück Geschichte nicht.

Anke Jauch

Einzureihen in die Geschichte von Deutschland.
1980 in Ostdeutschland, Leipzig

Zwei junge Menschen fühlen sich eingeengt, persönlich wie politisch in der Zange der DDR.
Sie planen einen Fluchtversuch von ihrer Urlaubsreise aus Bulgarien über die grüne Grenze in den Westen. Mit viel Selbstvertrauen und Courage wollen sie es sich selbst beweisen und der Stasi ein Schnippchen schlagen. Sie werden kurz vor der Grenze bei dem Fluchtversuch festgenommen.
Ein Martyrium beginnt. Unfaßbares Verbrechen in der DDR erfahren sie an Leib und Seele. Es wird die Flucht, die Untersuchungshaftanstalt des Ministeriums für Staatssicherheit sowie die Gefangenschaft im Zuchthaus Hoheneck geschildert.
Es handelt von einer tiefen Liebe, die sie noch fester zusammenschweißt durch das gemeinsame Erlebte und unerschütterlich gehen sie ihrem klaren Ziel entgegen.
Mit Originalen von Haftbefehlen, Vernehmungsprotokollen, Gerichtsurteil sowie Briefen von Rechtsanwalt Dr. Vogel bis zur Rehabilitation wird das „Stück Geschichte" über die Macht der Staatssicherheit untermauert.
Und jeder Leser kann sich daraus seine Schlüsse ziehen, wie es war, damals, in der DDR.

11

Leipzig

Gut gelaunt summte ich mein Lieblingslied und packte den kleinen Koffer. Es war weit nach Mitternacht. Stunden zuvor hatte ich ausgelassen getanzt und mich von ihm nach Hause bringen lassen. Nach vier Tagen wollte er mich vom Hauptbahnhof abholen.

Zu einer vier Tage dauernden FDJ-Veranstaltung (freie deutsche Jugend) fuhr ich nach Neuenhofen. In meiner Firma „Haus Exklusiv" war die FDJ Funktionärin zum Wintersport. Meine Chefin fragte mich, ob ich für sie einspringen könnte. Nun, ein paar bezahlte abwechslungsreiche Tage könnten mir gefallen.

Es war ein schöner sonniger und kalter Januartag 1978. In meiner schwarzen Baskenmütze und den neuen Jeans fand ich mich am Morgen auf dem Leipziger Hauptbahnhof schick. Aus dem Chemischen Kombinat Miltitz, dem unsere Firma angeschlossen war, standen schon einige am Treffpunkt. Ich schaute mich in der Menge um, und stellte fest, daß ich keinen kannte.

In einem schmuddeligen und überfüllten Abteil des Zuges fand ich mich wieder. Ich schaute in den schmalen Gang und entdeckte lässig am Fenster lehnend meinen Inbegriff von Gott. Aber er bewegte sich und ich begriff, daß es ein junger Mann war, nicht Gott. Schade, dachte ich, er steigt sicher an der nächsten Bahnstation wieder aus. Er blieb. Er blickte zu mir! Dringend mußte ich nun auf jeden Fall raus aus dem Abteil, zur Toilette, dicht an ihm vorbei. Lange, leicht wellige Haare, saubere Fingernägel, Jeans, die nur aus dem Westen sein konnten, und Augen, die mit jedem Reh mithalten konnten.

Bis Neuenhofen blieb er im Zug. Alle von uns stiegen aus, ich hatte Zeit, drängelte nicht, mein Traummann war ja nun nicht mehr da. Als ich meinen kleinen Koffer die Waggonstufen runter hob, traf mich ein Schneeball – von ihm!

Das nenne ich Schicksal, er gehörte zu unserer Gruppe!

So ist das also, wenn Amor seinen Pfeil in mein Herz schießt. Es war die beste Entscheidung in meinem Leben mit der FDJ zu verreisen. Von den Meetings, gemeinsamen Stunden, politischen Gesprächen bekamen wir nichts mit. Der FDJ-Sekretär ermahnte uns, Stellung zum Thema zu beziehen, an den Diskussionen teilzunehmen und überhaupt mitzumachen, wozu sind wir denn sonst mitgekommen! Doch wir lächelten nur, denn jeder weiß, frisch Verliebte soll man einfach nur in Ruhe lassen.

Im Mai erlebte ich mit Matthias meinen ersten Tramperurlaub nach Prag und Umgebung. In einem winzigen Zelt waren wir die Allergrößten und Glücklichsten.

Das Datum unserer Hochzeit, den 07.07.1979 schlug ich vor. Mein Vater hatte uns eine „schwarze Wohnung" (eine, die freistand) organisiert. In einem alten Haus, was damals schon an die 100 Jahre alt war.

Am 07.07.1979 fuhren wir in einem Oldtimer vor der Kirche vor. Noch an demselben Tag der Hochzeitsfeier, die Gäste waren noch da, haben wir uns weggestohlen. Ich schlüpfte aus meinem langen weißen Hochzeitskleid in die Jeans, nahm den Schleier mit Schleppe und den wunderschönen Roten-Rosen-Strauß und faßte meinen Mann an der Hand, der ebenfalls aus dem engen, schwarzen Hochzeitsanzug in die geliebte Jeans sprang. Rucksack auf und los. Die Väter brachten uns zum Zug.

Unsere Hochzeitsnacht war kurz. 2:00 Uhr nachts kamen wir im Berliner Flughafenhotel an und vormittags 10:00 Uhr flog unsere Maschine nach Ungarn. Die Hochzeitsreise war wunderschön. Der Balaton, wo wir viel im Wasser waren und überhaupt die helle freundliche Stadt Budapest.
Wir als Mann und Frau.

In der Zeit mit Matthias habe ich erst richtig begriffen, wie wir in der Zone behandelt wurden, wie die Kinder in einem Zwangsstaat aufwachsen müssen, ohne freie Entscheidung der Eltern. Die Gespräche mit ihm halfen mir, den richtigen Überblick und meinen festen Standpunkt zu bekommen.

Gegen Zwang und Unterdrückung, wie es in diesem Staat an der Tagesordnung war, wollten wir uns wehren. Doch leider waren die Menschen in der russischen Besatzungszone feige, sie hatten Angst vor der unerschütterlichen Wahrheit. Und allein konnte man wenig, oder besser, gar nichts gegen so viele Besessene ausrichten.

Im Januar 1980 habe ich Matthias den Vorschlag gemacht, in unserem Sommerurlaub nach Bulgarien, ans Schwarze Meer zu fliegen. Er war begeistert.

Anfang Februar ging ich auf das einzige Leipziger Reisebüro am Markt und buchte unseren Flug nach Burgas für den 01. Juli 1980. Am 07.07. hatten wir unseren ersten Hochzeitstag und da war es Anlaß genug, so eine Reise zu unternehmen. Außerdem sollte es unser letzter Tramper-Zelt-Urlaub zu zweit werden.
Ständig waren wir auf Wohnungssuche. Anfang Juni kam von der AWG (Baugenossenschaft) ein Brief mit einem Wohnungsangebot, denn wir suchten eine ordentliche Wohnung für uns beide, eine offiziell genehmigte. Also auch das schien jetzt ins Rollen zu kommen. Und nach dem Urlaub die Wohnung und dann vielleicht, was ich mir doch sehr wünschte, ein Kind...

Vier Wochen vor unserem Urlaub eröffnete mir mein Mann, was ich davon hielte, von Bulgarien aus abzuhauen, in die BRD. Ehrlich gesagt, mich traf fast der Schlag! In der einen Minute sah ich, wie die heißeste Sonne aus, ich lachte, denn ich nahm allen Ernstes an, es sei Spaß; doch in der anderen Minute kamen dicke Wolken bei mir auf, mein Gesicht verfinsterte sich und ich sagte nur: „Das kann doch nicht dein voller Ernst sein?" „Ja, ja, doch. Es ist mein Ernst", meinte er nur. Es gab lange heiße Diskussionen. Ich hatte doch gute Gründe nicht abzuhauen.

Da waren die über alles geliebten Eltern, meine Schwester, die kleine geliebte Nichte, meine gute Arbeitsstelle, die neue Wohnung, ein Kind, und, und, und.

Aber Matthias hat mich von Tag zu Tag mehr davon überzeugt, daß dies der einzige Weg für uns ist, um unser Leben in die eigenen Hände zu nehmen, selbst zu entscheiden, was für uns wichtig ist.

Wir sahen der Tatsache, daß wir verhaftet werden könnten, offen ins Auge. Doch dachte ich niemals mit allen Konsequenzen daran, einmal in ein Gefängnis zu gehen. Wenn wir es wagen, dann schafften wir das auch, dachte ich treuherzig, blind vor der bitteren Realität, im jugendlichen Wahn. Ich, guterzogenes Mädchen, habe mir niemals etwas zuschulden kommen lassen, habe gearbeitet, so gut es mir möglich war, und nun sollte ich, wie es mir Matthias andeutete, ins Zuchthaus gehen? Ich habe noch nie von einem Gefängnis gewußt oder etwas Näheres erfahren. Woher auch. Vielleicht aus dem Tatortkrimi, aber in unserer vorgegaukelten heilen Welt? Nein, niemals!
Nun ja, ich wußte, daß es passieren kann, habe aber nicht mit vollem Bewußtsein daran gedacht. Habe es gut verdrängt. Auf meine Frage, warum er es denn nicht eher gesagt hat, antwortete er mir nur, er habe Angst vor meiner Entscheidung gehabt.

Wir machten uns viele Gedanken, wie es anders möglich wäre. Da war die Möglichkeit, einen Ausreiseantrag zu stellen. Doch dafür gab es zu viele Gegenargumente. Wir würden uns und unseren Eltern arbeitsmäßig größte Schwierigkeiten damit machen und wir hätten nicht die geringste Chance, da es bei uns keine Familienzusammenführung gäbe. Mit unserem Pfarrer sprachen wir auch darüber. Dazu konnte/wollte er nur leider nichts sagen.

In dieser Zeit grübelte ich, war gereizt, hatte miese Laune. Ein Problem für mich war noch, ich durfte, selbst wenn ich gewollt hätte, meinen Eltern nichts davon sagen. Und das war unsagbar schwer für mich. Die letzten Tage auf Arbeit machte ich noch mit meinen Kunden Späße: „Na, vielleicht bleibe ich in Bulgarien, und komme nie wieder", als sie einen neuen Termin haben wollten.

Zu Hause ging es hoch her. Es gab manche Auseinandersetzung. Ich sah mir traurig die neuen, schwer ersparten Möbel an. Matthias sagte dann: „Willst du nun frei leben oder für immer eingesperrt sein? Was sind denn schon Gegenstände, für ein ganzes Leben, glückliches freies Leben, das wir haben werden?"

Unsere Freunde haben wir noch besucht. Das letzte Geld vom Konto geholt, um es uns noch gut gehen zu lassen.

Drei Wochen vor unserem Urlaub bekam die kleine Tochter von unseren Nachbarn, mit denen wir den Korridor zum Bad und zur Küche teilten, die Windpocken. Ja, die hatte ich bisher auch noch nicht. Komisch, ich mußte auch das noch von Leipzig mitnehmen, die Windpocken. Mir ging es sehr schlecht, mit hohem Fieber, ich sah grauenvoll aus, der ganze Körper über und über mit juckenden Bläschen gezeichnet. Einen Tag vor unserer Abreise ging ich noch einmal zum Arzt; er meinte, die Sonne in Bulgarien tut gut für die Haut. Ich war ihm sehr dankbar, er wußte ja nicht, was alles von dieser Reise abhängt. Unser großes Glück! Das war der Morgen am letzten Tag. Nach dem Arztbesuch fuhr ich gleich zu meinen Eltern, ich traf mich dort mit meinem Vater und meiner Schwester, um schön zu frühstücken. Oh, hätten sie geahnt, daß es das letzte gemütliche Kaffeetrinken ist. Nur gut, daß sie keine Ahnung hatten, sonst wäre der Abschied unerträglich gewesen. Zu meiner Schwester sagte ich so, als ob es Spaß wäre: „Wenn wir nicht wiederkommen, sind wir abgehauen." Sie lachte und sagte: „Das würdest du nie tun, uns im Stich lassen". „Mensch, Anke, mach nur keinen Mist." Ich lächelte voll Ironie und erwiderte: „Nein, nein." Aber hier kann ich es tatsächlich nicht länger aushalten. In diesem verdammten eingemauerten Staat! „Wenn wir nicht pünktlich wiederkommen, das Flugzeug nicht startet, daß wir einen Unfall haben, oder wir krank sind, dann sage der Mutti das sie sofort, noch am selben Tag in unsere Wohnung gehen soll. Den Schlüssel holt ihr euch bei einem Freund im Haus." Das sagte ich zu meiner Schwester zum Abschied, es sollte beruhigend, doch mit ahnungsloser Wichtigkeit sein. Ein letztes festes Umarmen mit den Wünschen von ihr, daß wir einen schönen Urlaub verleben und gesund wiederkommen sollten. Das war am 01.07.1980.

Erst am 06.11.1981 sollte ich sie endlich, nach langer schwerer Zeit für uns, alle überglücklich wieder sehen.

Am Abend des 01.07.1980 kam Matthias von seinem letzten Arbeitstag nach Hause. Wir waren voller Urlaubsstimmung und großer Hoffnung. Wir sagten uns immer wieder: Schlimmer kann es nie kommen, als hier in dieser unfreien Hölle zu leben. Der Mensch ist in der Zone lebendig begraben, eingesperrt. Es ist Freiheitsberaubung, was sie den Menschen antun. Jeder Mensch hat das Recht auf Freiheit, auch die Zonenbürger. Sie sind eingeschüchtert und viele wagen diesen Schritt in die Freiheit, durch das Zuchthaus, nicht.

Urlaub in Bulgarien

Am Abend vor unserer Abreise haben wir noch einmal unsere Musik genossen. Lange sollte Sie uns im Ohr bleiben. Zwei Rucksäcke und unser kleines Zelt reichten für drei Wochen aus.

23:00 Uhr tranken wir den letzten Kaffee in unserer gemütlichen Wohnung. Kurz bevor wir mit der Straßenbahn zum Leipziger Hauptbahnhof fuhren, hatte ich noch ein paar Zweifel und machte mir Sorgen um die Eltern. Ich wollte ihnen wenigstens ein paar liebe Zeilen hinterlassen, das sind wir ihnen doch schuldig gewesen. Matthias wollte das allerdings nicht tun. Ich riß von einem karierten Block eine Seite ab und schrieb einen, oder den so wichtigen Abschiedsbrief an die Eltern. Darin teilte ich ihnen kurz mit, daß wir unseren größten Wunsch, in die BRD zu gelangen, durch eine Flucht erreichen wollten. Ich schrieb mit zittriger Handschrift, durch die innere Aufwühlung und da wir es ja eilig hatten, kurz auf, wer was aus unserer Wohnung, Kleidung, Möbel, Schmuck, nehmen sollte. Wie ich später von Matthias erfuhr, hat er sorgfältig zu Hause aufgeräumt, systemkritische Dokumente sowie Fotos von Treffen mit westdeutschen Jugendlichen verbrannt. Nur gut, ich hatte mir darum viele Gedanken gemacht. Gegen 23:30 Uhr gingen wir zur Straßenbahnhaltestelle, es fuhr aber keine um die angegebene Zeit. So hatten wir die letzte Möglichkeit, unsere Aggression auf die Ostzone herauszulassen. Ein Taxi in der angeblichen Messe-Weltstadt Leipzig kann man auch nicht um diese Zeit erwarten. So liefen wir! Der Zug brachte uns mitten in der Nacht nach Dresden, dort verbrachten wir dreieinhalb Stunden auf der Straße, da keine Gaststätte geöffnet hatte. Es war kalt und regnete. Wir waren ermüdet von dem Tag, die lange Fahrt und dem Warten. Sieben Uhr ging der Bus, der uns zum Flughafen brachte.

Um 08:40 Uhr flog die Maschine ab. Den Rückflug hatten wir gebucht, unsere Visa stimmten, also absolut keine Anhaltspunkte für eine Flucht. Glücklich saßen wir im Flugzeug. Gegen 10:30 Uhr kamen wir bei strahlendem Sonnenschein in Burgas an. Ich hatte einen Rollkragenpullover an, da ich noch am Hals und an den Armen Windpocken hatte. Mit einem Taxi fuhren wir zum Campingplatz „Arkutino", den mir eine nette Kundin verraten hatte. Wir waren sehr überrascht von dem schönen Zeltplatz mit einer kleinen Bar „Lilia" und einem wenig benutzten FKK-Strand.

Gegen Mittag bauten wir an einem gut ausgesuchten schattigen Platz unser Zelt auf. Wir ließen es uns nicht nehmen, sofort ans Meer zu gehen. Es war herrlich: goldgelber Sand, himmelblaues Wasser.

Einen Schlafsack hatten wir mitgenommen, keine Decken. Die Nächte waren kühl, doch sehr gemütlich in unserem kleinen Zelt. Wir legten uns ein weißes Leinentuch, was wir am Tag als Sonnenschutz nahmen, zwei Handtücher, die Jeans und Pulli unter, darauf schliefen wir.
Tagsüber haben wir uns in der Sonne geaalt, sind am Strand entlang gelaufen, weit aufs Meer geschwommen und haben uns braun braten lassen. Wir waren sehr glücklich. Doch ein Schatten huschte über uns. Das Ungewisse. Wie wird es enden, wo genau wollen wir es wagen zu fliehen, wann, welcher Tag, schaffen wir es? So viele Fragen, alles lag bei und in uns. Noch keine Antworten. Oft erwischten wir uns beide beim schweigen, doch wir wußten, jeder macht sich seine Gedanken. Ich hatte mir vorgenommen, über dieses Thema nicht zu reden, damit wir, wie ausgemacht, die erste Woche am Schwarzen Meer nur Urlaub machen und eventuellen Diskussionen darüber aus dem Weg gehen.

Aus diesem Grund ließ ich Matthias oft alleine am Strand spazierengehen, ich lag faul in der glutheißen Sonne. Ein Gedanke jagte den anderen. Wir fanden beide keine echte Ruhe. Trotz der Ungewißheit waren wir glücklich. Vor allem die warmen Abende am Meer, wir gingen den leeren Strand entlang, setzten uns in den

Sand und redeten von allem möglichem, auch von unserer Zukunft.
Mir kam es wie eine Hochzeitsreise vor, wir entdeckten uns neu.

Zu unserem 1. Hochzeitstag gingen wir in die gemütliche Liliabar
fein Essen und Rotwein trinken.
Aus dem kleinen Tagebuch, was ich mit hatte: „Morgen, wenn wir
ausgeschlafen haben, ziehen wir weiter. Ziel: Sofia.
08.07.1980: 10:00 Uhr aufgestanden – zu spät!
09.07.1980: 10:00 Uhr Bus – Burgas.

Ja, da waren wir nun in Burgas angekommen, wie aber weiter? Wir
sind mit unserem Gepäck durch die halbe Stadt gelaufen und das
in der heißen Mittagssonne. Nun sollte unsere größte, längste und
letzte Trampertour beginnen. Abenteuer pur. 400 km quer durch
Bulgarien.
Eine viertel Stunde haben wir an einer gut befahrenen Straße gestanden, ein Fahrer nahm uns 30 km weit mit. Ein weiterer Fahrer
100 km. Dann sind wir auf der Autobahn gelandet. Es fing bereits an
zu dämmern, wir hatten Hunger und wahnsinnigen Durst. Den ganzen Tag hatten wir nichts als ein paar ausgetrocknete Kekse zu uns
genommen. So standen wir viereinhalb Stunden. Diese Zeit wurde
zur Ewigkeit. Jetzt war es bereits dunkel, wir glaubten nun, daß uns
keiner mehr mitnehmen würde. Ein furchtbarer Gedanke, auf der
Autobahn ohne Essen, ohne Trinken zu übernachten. Außerdem
war es kalt geworden. Es gab keine Möglichkeit, ein Zelt aufzustel-
len. Bei diesem Gedanken muß uns doch jemand erhört haben,
wie ein Wunder kam da ein Lkw, der anhielt. Wir glaubten unseren Augen nicht zu trauen, heilfroh waren wir, als der bulgarische
Fahrer uns bis Sofia mitnahm. Welch ein Glück!
Fünf Stunden sind wir gefahren. Mitten in der Nacht, um 01:30 Uhr
waren wir dann total erschöpft in Sofia angekommen. Mit einem
Taxi fuhren wir auf den „Vranja" Campingplatz, den wir uns auf der
Karte ausgesucht hatten. Um 02:00 Uhr bauten wir unser Zelt auf.
Der Boden war so miserabel, voll mit Steinen und knochenhart, daß
wir kaum die Heringe rein bekamen.

Am späten Nachmittag erwachten wir. Nun sahen wir bei Tageslicht den Campingplatz, der Hauptstadt Sofia, der alles andere als schön war. Es waren wenige Zelte darauf. Bundesbürger, die auf der Durchreise waren, machten mit ihren schicken Autos und Wohnmobilen für eine Nacht halt. Viele Ausländer, auch Zigeuner, waren da. Wir fühlten uns da nicht wohl. Das Wetter war nicht gut, unsere angespannte Stimmung nahm von Tag zu Tag zu.

Jeden Tag gingen wir in die Stadt, um uns nicht auf dem Campingplatz aufhalten zu müssen. Vom ersten Tag an hatten wir eine große Abscheu gegen diese Stadt. Sie war kalt. Überall hingen Plakate von Lenin, wuchtige rote Sterne, Plaketten, der russisch-kommunistische Einfluß war allgegenwärtig. Die Stadt ist herz- und trostlos. Als wir das alles wahrnahmen, gab es uns noch mehr Anlaß, um dieses wahnsinnig gewordene rote Volk zu verlassen, ja, zu fliehen, irgendwo muß es eine andere Welt geben – offen, hell, freundlich. Wer denken kann, kann nicht mehr in so einem Staat leben, der die Menschen und sich selber belügt und betrügt.

Jetzt war auch ich bedingungslos zu einer Flucht bereit. Niemals könnte es schlimmer kommen. Der Weg ist versperrt, Tür und Tor fest verschlossen. Durch einen Staat, der sich angeblich hergibt für sein Volk, den Frieden, Freiheit, Zufriedenheit und Demokratie, so wertvoll ist, doch in Wahrheit sind dies alles Fremdwörter. Mein Gott, warum läßt die Welt so etwas zu? Walter Ulbricht befahl die Mauer zu bauen, Stacheldraht zu setzen, Mienen zu legen und Menschen zu erschießen. Und dann heißt es noch: Alles zum Wohle des Volkes..." Die DDR besteht nicht aus einem Volk, Arbeiter und Bauern. Nur einer regiert und nicht das Volk. Das Volk setzt sich zusammen aus der politischen oberen Schicht, die der SED angehören und aus den dummen, nicht denkenden mutlosen eingeschüchterten kriechenden Menschen. Das sind Tatsachen, das, und nur das, ist die Wahrheit.

Am Sonntag, dem 13.07.1980 setzten wir uns auf die Terrasse des Campingrestaurants. Es war ruhig und sehr wenig Leute um diese Zeit da. Das war gut für uns. Matthias, der mir an einem kleinen runden Tisch gegenübersaß, nahm meine Hand und fragte mich noch einmal, ob ich noch bereit bin, zu fliehen. Leise aber mit fester Stimme sagte ich: „Ja." Alle Einzelheiten besprachen wir nun, alle Möglichkeiten haben wir dabei in Betracht gezogen. Wie es weitergeht, wenn es uns gelingt, die Grenze zu überqueren von Bulgarien nach Jugoslawien. Auch, wenn sie uns festnehmen sollten, doch daran dachten wir nicht so sehr, wir waren voller Optimismus. Wir bezahlten unsere Cola und gingen zurück in unser Zelt. Dort haben wir uns die Landkarte, wo auch ein Stück von der Bulgarien-/Jugoslawiengrenze eingezeichnet war, genau angesehen. Kalotina hieß der kleine Grenzort. Die Europastraße 5 geht genau bis dahin, doch für uns nicht weiter. Ende – eingesperrt!

Wir wollten hier raus, wir sind jung, voller Energie – nichts und niemand wird uns daran hindern, hier durchzukommen. Wir schaffen das.

Bis dahin trampen, auf dem Grenzzeltplatz ein bis zwei Tage bleiben, in der Nacht uns die Grenze genau ansehen – so war unser Plan.

Um den Abend noch schön zu verbringen, fuhren wir mit dem Bus zum Flughafen. In einer Woche sollten wir laut gebuchtem Ticket von da aus wieder nach Leipzig fliegen. Ein schöner, doch waghalsiger Gedanke, nicht wieder zurückzukehren. Die Eltern verlassen, und was wird aus uns?

Wir können uns auf uns verlassen, und kein Preis wird für uns zu hoch sein, um in die Freiheit zu gelangen. Das alles, unsere Liebe zueinander, unser gemeinsames Ziel, unsere Kinder in einem freien Staat aufwachsen zu lassen, waren Gründe genug, um die Wand zu durchbrechen. Es war der beste Ausgangspunkt zu unserer Flucht, kein Streit, ein klares Ziel gab es, wir waren uns einig.

Am Abend legten wir uns beizeiten schlafen, doch die Nacht wurde zur Ewigkeit. Wir hielten uns fest in den Armen und konnten doch nicht schlafen. Zu groß war die Aufregung für den kommenden Morgen, so ein entscheidender Tag in unserem gemeinsamen Leben.

Fluchtversuch in Sofia

Zeitig wachten wir auf, aßen auf einem Handtuch das letzte Weißbrot und tranken Tee dazu.

Im geschlossenen Zelt sortierten wir unsere Sachen, das Ost-Geld versteckten wir. Ich riß einen Zettel aus meinem kleinen Tagebuch und schrieb die Ortschaften bis Kalotina auf. Wir nahmen nichts mit, nur die Hosentaschen waren voll: Zigaretten, Kamm, Schokolade, Taschentücher, bulgarische Lewa, die wir noch hatten, ein Unterhemd für mich, für die Nacht. Einen dicken Pullover und eine Jacke hatten wir an. Wir rechneten damit, in der kommenden Nacht im Freien zu schlafen. In einem kleinen Kalender schrieben wir andere Namen.

Gegen 10:00 Uhr brachen wir auf. Mit dem Bus fuhren wir in die Stadt. Um aber auf die E5 zu kommen, lag noch eine weite Strecke vor uns. Lange sind wir durch die Stadt gelaufen, um auf die richtige Straße zu kommen.

Es war Mittag und die Sonne schien heiß auf den schwarzen Asphalt der E5. Drei Stunden standen wir am Straßenrand, kein Auto hielt an und nahm uns mit. Mir war übel, ich mußte mich übergeben. Viel zu dick war ich angezogen, bei solch einer Hitze, ich setzte mich unter einen Baum, Matthias konnte ich nicht ablösen, um Autofahrer anzuhalten. Er stand am Rand mit so viel Eifer und Hoffnung, daß bald einer anhält. Völlig geschafft und mit mißmutiger Laune gingen wir 2 km zurück, um uns in einem Gasthof auszuruhen und vor allem etwas zu trinken und Gesicht und Hände zu waschen, wir waren völlig durchgeschwitzt. Aber wir gaben nicht auf. Man sagt ja – schlechter Anfang, gutes Ende!

Nachdem wir uns erfrischt hatten, gingen wir wieder zurück. Diesmal warteten wir nur zehn Minuten, bis uns ein Bulgare mitnahm. Er setzte uns vor dem Dorf Dragoman ab. Wir waren so naiv und wußten nicht, daß wir schon längst im gefährlichen Grenzgebiet waren, deshalb nahm uns auch keiner mit. Die Autos fuhren alle an uns vorbei. Es waren laut Karte noch 10 km vor der Grenze. Was nun? Wir wollten unser Ziel erreichen, egal wie, egal wann. Also liefen wir weiter, wir merkten gar nicht, daß wir auf einem kleinen Hügel angekommen waren, auf der linken Seite war das Gebirge, auf der rechten Seite vereinzelte Häuser von dem Dorf Dragoman. Plötzlich sahen wir ein Schild im Gras, worauf fett „Grenzzone" stand. Doch wir übersahen es – mutwillig. Dann sahen wir schon von weitem ein Wachhäuschen. Wir waren oben auf dem Hügel, umkehren ging nicht, das hätten sie, wenn jemand dort war, gesehen und alles wäre aus gewesen. Gelassen und voller Optimismus gingen wir langsam darauf zu. Kurz besprachen wir noch einmal, was wir sagen wollten, wenn sie uns anhielten. Ja, vielleicht war ja auch keiner in dem Grenzhäuschen drin, dachten und hofften wir. Ich weiß nicht, ob Matthias dieser Ernst der Lage bewußt war, er an eine Verhaftung gedacht hat, ich jedenfalls nicht. Wir werden sie nicht verstehen und da wir auch selbstverständlich die russische Sprache nicht beherrschten (obwohl wir drei Jahre in der Schule Russisch hatten). Wir hätten uns geirrt, aus Versehen die Personalausweise auf dem Campingplatz Vranja liegen lassen. Also, was wollten sie uns anhaben, dachte ich in meinen jugendlichen Leichtsinn. Ich dachte an eine telefonische Überprüfung auf dem Zeltplatz, dann würden sie uns gehen lassen. Doch ich irrte gewaltig!

Wir sprachen nicht ein einziges Wort die 300 m, die wir bis zum Grenzposten gegangen sind, unsere Stimmen waren erstarrt, doch unsere Augen blickten sich an und sprachen Bände. Sollten es tatsächlich unsere letzten gemeinsamen Minuten sein? Diesen Gedanken wollte ich verdrängen, doch er stieg in seiner Kraft Schritt für Schritt.

Verhaftung in Dragoman

„Stop, Passport!" So souverän und sicher wollte ich auftreten, doch meine Hände fingen an zu zittern und mein Herz schlug Purzelbäume. Was nun? Mit Händen und Füßen haben wir versucht zu erklären, daß wir auf den Campingplatz Kalotina wollten, aber nur für 2-3 Tage, um dort Freunde zu suchen und dann wieder zurück nach Vranja, den Ausweis mußten wir an der Rezeption lassen. „Nam! Land!" sprachen im gruseligen Befehlston die zwei Grenzer auf bulgarisch/russisch/halb deutsch. Kopfschütteln unsererseits: „Nix verstehn!" Und ob wir alles verstanden haben! Doch wir sagten irgendeinen Namen, und immer wiederholten wir das Gleiche: „Wir kommen aus Deutschland." „Aus welchem Deutschland?" kam es im Befehlston. Doch wir verstanden sie nicht. Einer befahl mir streng und böse, mich auf einen Stein zu setzen, doch ich wollte nicht, wozu auch. Keiner sagte mir, was ich tun soll. Bis Matthias mir begreiflich machte, der meint es Ernst. Ich setzte mich auf den Stein. Der eine blieb bei uns stehen und fragte immer wieder, woher wir kommen. Der andere ging in das Häuschen, um zu telefonieren. Ich dachte: Na gut, er ruft in Vranja auf dem Campingplatz an, um die Ausweise zu kontrollieren. Doch er hat ganz woanders Bescheid gegeben!

Nach zehn Minuten fuhr ein Jeep mit zwei Männern vor, einer von ihnen sagte etwas zu uns, doch wir wollten nichts verstehen, er zeigte zur Tür des Jeeps, uns blieb nichts anderes übrig, als einzusteigen. Die Fahrt ging in das nächste Dorf, dorthin, wo wir schon einmal gestanden hatten, in Dragoman.

Wir glaubten noch immer nicht an eine Festnahme. Leugnen, leugnen, das hatten wir ausgemacht. Nicht im geringsten ahnten wir, was uns bevorstand. Weder die erbarmungslose, herzzerreißende Trennung voneinander, der Prozeß, das Zuchthaus. Die grausamsten Stunden, Wochen und Monate sollten nun beginnen.

„Aussteigen!" befahlen sie. Wir stiegen aus. Es war eine Armee-Grenzstation, ein Lager. Einer der Männer führte mich in ein großes Gebäude, ich drehte mich kurz um und sah, wie der andere Mann meinen Matthias in eine winzige Holzbaracke führte. Ich wollte weinen, doch die Tränen kamen nicht, nur Wut, unsagbare Wut stieg in mir auf.

Durch einen langen schmalen Gang führten sie mich zu dem „Herrn Oberst". Der Raum war kalt, ein Bild von Lenin hing da, ein Schreibtisch, ein Telefon und ein kalter kleiner Holzstuhl. Er fragte mich, ob ich russisch spreche, dies verneinte ich, er wurde zornig und schickte den anderen Mann raus. Ein paar Minuten später kam ein sehr junger Grenzpolizist, ein Dolmetscher. Nun begann die Fragerei. Ich erzählte ihm tapfer die Geschichte, daß wir uns verlaufen hatten und den Bekannten auf dem gewissen Campingplatz Kalotina suchten. „Nein, nein," schrie er mich an, „sagen Sie die Wahrheit!" Ich kann es nicht ertragen, wenn mich jemand anschreit und somit vergrößerte sich meine Wut gegen all diese Leute und hauptsächlich gegen diesen Oberst. Jetzt wurde ich eiskalt, denn was um Himmels willen hatte ich getan außer auf einer Straße entlangzulaufen. Ich schwor mir, nichts, aber auch gar nichts zu sagen, als immer wieder dieselbe Geschichte. Sie schrieben ein Protokoll. Bald gaben sie es mit mir auf und brachten mich dorthin, wo Matthias warten mußte. Er war weg. Wo ist er nur? Was machen sie mit ihm? Diese Menschen sind zu allem fähig, das war mir bewußt.

Dann saß ich da und habe gewartet, natürlich unter Bewachung. Nach einer langen halben Stunde kam Matthias endlich. Er durfte sich zu mir setzen, er hatte auch nichts gesagt. Wir sahen uns an. Unsere Fragen waren dieselben, doch wir sprachen nicht.
Dann kam einer, der wollte alles, was wir in den Taschen hatten, Uhren, Ketten, Ringe, alles. Ich gab ihm meinen Schmuck nicht, er mußte wieder den Dolmetscher holen, aber ich blieb dabei, ihm nichts von mir zu geben. Nach weiteren 20 Minuten brachten sie

uns eine Flasche Wasser. Es verging noch knapp eine Stunde, dann las uns der Dolmetscher das Protokoll vor, wir sollten dies unterschreiben. Doch wir sagten immer nur, daß wir auf die Deutsche Botschaft gebracht werden wollen, und das sofort. Daraufhin nickten sie und sagten: „Gleich kommt ein Auto." Wir waren sehr gespannt und hatten auch Angst, was nun wird. Der Jeep kam tatsächlich. Wir stiegen ein. Um Himmels Willen, hinter uns waren zwei scharfe, nicht treu aussehende Schäferhunde. Ich hatte große Angst. Wir sahen uns nur an und drückten uns die Hände. Richtung Sofia, das erkannten wir, ging es. Es war schon Abend und dunkel geworden. Noch hatten wir Hoffnung, daß sie uns auf die Botschaft bringen. Es war 20:30 Uhr, als wir in Sofia ankamen. Wir stiegen aus und als wir das große Gebäude sahen, hatten wir noch den guten Glauben, es sei die Botschaft. Doch als wir im Gebäude standen, sahen wir bulgarische Fahnen, Wandzeitungen, Rote Russen Sterne und Bilder von Lenin. Was nun? Wir mußten uns auf eine große Ledercouch, die im Vorraum stand, setzen. Ein fetter Uniformierter kam auf uns zu und nahm uns unsere Habseligkeiten und nun auch unseren Schmuck weg. Das Bild vergesse ich nie. Wir mußten ihm folgen, viele Treppen, 5. oder 6. Stock und jede Stufe war mit rotem Teppich fein ausgelegt. Es sah vornehm aus, vielleicht doch die Botschaft? Wo waren wir hier?
Matthias nahm mich an die Hand, ja, so ungefähr wie Hänsel und Gretel. Uns stand der Schweiß auf der Stirn, wir befanden uns in einem Schockzustand. Sie brachten uns in ein Zimmer, wo viele große Schränke standen. Da sagte ein Mann auf russisch, daß ich mitkommen soll. Jetzt weinte ich, ich wollte noch einmal Matthias umarmen, ihn küssen, doch der Mann zerrte mich erbarmungslos mit sich. Matthias wurde laut und wollte mich auch noch einmal an sich drücken, da hob der Mann die Hand und hätte Matthias fast ins Gesicht geschlagen. Es war zwecklos. Jetzt wurde uns bewußt, wo wir uns befanden. Dies alles geschah in wenigen Sekunden. So traurig trennten sich unsere gemeinsamen Wege. Ich wurde in ein Arztzimmer gebracht um zu warten. Ich war fertig, ich weinte und ein schrecklicher Gedanke löste den anderen ab. Danach wurde

ich in das Zimmer vorher gebracht, eine Frau in Uniform befahl, ich sollte mich ausziehen und zwar schnell: „Dawei! Dawei!" Eine Leibesvisitation begann. Sie gab mir einen sehr kurzen, nur den Po bedeckenden Rock, und dazu eine mir viel zu große Jacke und ein paar alte Schuhe. Ich konnte keinen klaren Gedanken mehr fassen, alles geschah so schnell, ich konnte kein Wort hervorbringen. Wie ausgepustet, keine Träne kam mehr. Sie führte mich durch viele Türen und dunkle Gänge, Licht gab es nicht, oder wenigstens nicht für mich. Dann kamen wir auf einen Gang, wo viele kleine Türen abgingen. Das also waren Zellen. Ja, im Film sah ich so was schon, aber live, davor, das kann nur ein Traum sein. Ich war fassungslos, daß mich, die so Liebe, Gute und Glückliche da jemand einsperren wollte. Zelle Nr. 5. Sie schloß mit dickem Schlüsselbund die Tür auf, die knarrte, unsanft schob sie mich dahinein. Keiner wäre da freiwillig reingegangen. Peng! Die Tür knallte zu und das Schloß rastete fest ein. Einzelhaft! Das Loch war 2,60 Meter mal 1,60 Meter groß. Ein Holzkasten, was die Pritsche, oder besser, die Schlafstätte sein sollte stand darin, ein 5 Liter dunkelblauer Plastikkanister, ein Eimer mit Deckel. Weiter nichts. Ich. Es gab drei Wände, die vierte war die Tür, und die Decke war mit weißem Rauhputz beschmiert. Über der Tür war ein kleiner viereckiger Glaskasten, wo eine Glühlampe ohne irgendeinen Schutz baumelte. Diese Lampe brannte nun Tag und Nacht.

Ich setzte mich auf den Holzkasten, sehr müde und geschafft vom außergewöhnlichen Tag. Wie ich so da saß, starrte ich auf die verrammelte Tür, wo sollte ich auch sonst hingucken?, ein Spion, ein Guckloch, plötzlich, merkte ich, wie ein häßliches Auge zu mir reinschaute. Ich sprang auf und rief: „Wo ist mein Mann! Ich will auf die Botschaft!" Doch die Klappe fiel sofort zu. Ich hielt das nicht mehr aus und klopfte zaghaft an die Tür. Es kam keiner. Ich wummerte mit der Faust aus lauter Verzweiflung dagegen. Da kam einer, ich sagte ihm wieder meinen Wunsch und er vertröstete mich auf morgen früh. Er schloß die Tür auf und gab mir Zeichen, ich sollte mich hinlegen und schlafen, es sei schon spät. Aus Angst legte ich mich mit angewinkelten Beinen auf die Pritsche, eine Zudecke, oder irgendein Stück Stoff gab es nicht. So konnten mir die Männer, wenn ich schlief, unter den viel zu kurzen Rock schauen. Eine bodenlose Frechheit. Meine Gedanken quälten mich so sehr, daß ich in dieser Nacht keinen Schlaf fand.

Was habe ich getan, um hier so behandelt, eingesperrt und wie ein Schwerverbrecher, ein Mörder behandelt zu werden? Ich will doch nur frei sein, will sagen, was ich denke, gehen, wohin ich will. Jeder Mensch hat doch ein Recht zu leben und seinen Wohnsitz dort aufzuschlagen, wo es ihm recht ist. Nun sehe ich alles noch viel klarer und deutlicher, was der Sozialismus anrichtet. Man wird betrogen. Für eine ganz natürliche, selbstverständliche Sache wird man eingesperrt. Mir wurde in diesen Stunden klar, wie teuer ich die Freiheit bezahlen muß – mit meinem persönlichen Freiheitsentzug. Das waren eindeutige klare Gedanken. Nur, wenn ich an meine Eltern dachte, fiel in mir eine Welt zusammen. Da begriff ich nichts mehr. Was würden sie denken und sagen, wenn sie erfahren, daß ihre liebe Tochter im Gefängnis gelandet ist. Für sie, die ahnungslos sind, wird eine Welt einstürzen. Sie würden es nie begreifen, oder gar verstehen können. Sie lehnten so einen Schritt als absurd ab. Aber sie wissen auch, daß ich meinen eigenen Dickkopf habe, wenn es um Ideen zu verwirklichen geht. Sie denken jetzt noch, ich mache einen schönen sonnigen Urlaub mit Matthias und sie erwarten uns in drei Tagen zurück, in Leipzig, zu Hause. Mein Gott, wenn sie wüßten, was ich in diesen Stunden durchmache.
Am nächsten Tag wachte ich durch Schlüsselklappern auf. Ich sollte den Plastikkanister mit Wasser füllen, der bis zum nächsten Morgen ausreichen mußte. Später ging die Tür auf und man sagte mir: „Mitkommen, zu Offizier!" Ich freute mich schon und hoffte nun auf ein baldiges Ende. Vor mir lief ein Mann, ich hinterher und nach mir kam noch ein Uniformierter – wird ja toll auf mich aufgepaßt. Über einen langen dunklen Gang liefen wir. Meine Hände hatte ich normal an der Seite. Auf einmal kam eine harte Hand und umfaßte beide Handgelenke von mir und preßte sie auf den

31

Rücken. Wozu? Na ja, das sind eben die Sitten, daran hatte ich mich zu gewöhnen. Die Männer verschwanden und ich stand im Zimmer des Oberst. Seine Stimme klang erst einmal freundlich und er bot mir auf einem Sessel Platz an. Ganz ruhig fragte er mich aus. Doch als er merkte, daß ich wieder die gleiche Geschichte wie am Vortag in Dragoman erzählte, wurde er ungehalten und zorniger, er schrie mich an ich solle endlich die Wahrheit sagen. Noch mal dieses gleiche Spiel dachte ich und wurde wieder ganz still und sagte ihm immer wieder dieselben Sätze. Nach ein paar Minuten kamen die zwei Männer wieder und brachten mich in meine scheußliche Gefängniszelle Nr. 5 zurück.

Der Schlüssel klapperte das letzte Mal an diesem Tag dann trat sofort wieder diese Todesstille ein, dir mir Grauen und Fürchten einflößte. Nun saß ich einsam und verlassen auf dem Holzkasten. Viele Gedanken rasten wie auf einer Achterbahn durch meinen Kopf. Wie lange werde ich hier sein müssen? Wie geht es Matthias? Ich fand keinen Ausweg, doch eines sagte ich mir: er läßt sich nicht, niemals unterkriegen, egal, wie viel Kraft und Mut dies kosten mag. Auf einmal kamen in mir magische Kräfte auf. Du mußt bei Kräften bleiben, körperlich sowie seelisch sagte ich mir und stand sofort von der Pritsche auf und machte so gut es bei 80 cm Platz ging, Sportübungen. Es fiel mir allerhand ein: Kniebeuge, Arme kreisen, Rumpfbeugen, Kopfdrehen, alles Mögliche, so oft, wie ich wollte. Das waren die einzigen Bewegungen, die ich machen konnte, andere Möglichkeiten gab es nicht, außer sich den Kopf zu zermartern, mit Fragen und hilflosen Antworten. Das Guckloch, der Spion, ging mehrmals auf, ich ignorierte es, was blieb mir auch anderes übrig? In der Zelle war es heiß, stickig, das Licht brannte auch am Tag, ich hatte kein Zeitgefühl, immer Licht, Tag und Nacht. Ich schwitzte sehr bei den Sportübungen, sicher übertrieb ich es auch damit. An waschen war nicht zu denken. Ich kippte mir von dem abgestandenen Trinkwasser in die Hände und feuchtete wenigstens Gesicht und Arme an. Gegessen habe ich fast nichts in diesen Tagen, alles in mir, auch mein Magen, verweigerte sich, dazu kam noch das Essen, besser Fressen, hinzu. Ich glaube, die Hühner bekommen schmackhaftere Würmer, als diesen ekelerregenden Fraß. Am dritten Tag, es gab Frühstück, gab man mir ein Stück Weißbrot mit einem dicken Klecks Marmelade drauf. Das Brot schien aus Stein zu sein, völlig ausgetrocknet, bröcklig. Als ich ein Stück abbeißen wollte, sah ich in dem Brot eine dicke fette Made krabbeln, so spuckte ich das Stück wieder aus und aß nichts. Oft am Tag überkam es mich, ich konnte mich nur schwer beherrschen, um nicht mit der Faust gegen die Tür zu klopfen und einfach ganz laut Matthias zu rufen, er hätte mich bestimmt gehört. Es war so still. Ich überlegte mir die Folgen, die wären nicht anders gewesen, als daß die Tür aufging und diese Bulgarenkommunisten hätten mich geschlagen oder angekettet oder einfach umgebracht. Denen traute ich alles zu. Noch nie in meinem Leben hatte ich an Gott geglaubt. Erst in der Osternacht 1980 wurde ich getauft, weil ich mit Matthias eine kirchliche Hochzeit halten wollte und er katholisch ist. Jetzt aber, wo ich einsam, ganz allein nur auf mich angewiesen war, fühlte ich mich so leer, so ausgebrannt und dachte sehr intensiv über Gott nach. Irgendwo mußte ja Kraft, Mut und Hoffnung herkommen. In diesen einsamen Tagen war mir der Gedanke und Glaube an Gott eine große Hilfe.

Über so vieles dachte ich nach. Warum denkt man eigentlich immer nur, wenn es einem dreckig geht an Gott? Ja, dann soll er irgendwie helfen. Fest habe ich mir da vorgenommen, auch in glücklichen, guten Situationen ihm zu danken und an ihn zu glauben. Doch ich betete nicht zu ihm, daß er mir helfen soll, nein, ich dankte ihm auch für alles, daß ich geboren bin, und daß ich diesen Weg gehen kann, mit meiner und seiner Kraft. Ich spürte, daß ich nicht ganz alleine war.

Diese Tage in der Zelle nahmen kein Ende, man wußte nie, wie spät es war, die Lampe brannte unaufhörlich. Der Tag wurde zur Ewigkeit. Die schrecklichsten, einsamsten Stunden und Tage meines Lebens verbrachte ich hier in dieser Zelle in Sofia, weit weg von zu Hause. Noch nie hatte ich mich so verlassen und schlecht gefühlt. Das Nichtstun brachte mich an den Rand meiner Kräfte, ich meinte zu verzweifeln. Immer nur lauschen, was mein Inneres von sich gab.

Ich konnte mich nicht waschen, keine Zähne putzen, ich mußte auf dem Eimer mein kleines Geschäft verrichten. Ich habe laut geklopft, als ich einmal das Bedürfnis hatte, auf die Toilette zu gehen. Mein Magen, mein Darm waren ja leer und doch mußte ich dann einmal. Es ist peinlich und unvorstellbar. Man brachte mich in einen Raum, da saß ein Uniformierter, der gab mir allen ernstes, ein 10 mal 10 cm langes Seidentüchlein. Ich ging damit um eine Ecke, die Toilette bestand aus einem am Boden gefliesten Loch, ohne Tür, der Mann konnte mich sehen. Ich hatte Durchfall und es geht über meine ästhetischen Ideale, aber ich mußte wieder zu ihm und sagte, ich brauche mehr von den Tüchlein. Er gab mir noch EINS, es reichte nicht und so beschämend es war, ich mußte ein drittes Mal zu ihm. Unglaublich, noch heute bin ich entsetzt darüber.

Der dritte Tag, es war ein Donnerstag, brach an, er begann wie jeder andere Tag in diesen Mauern, mit dem Schlüsselgeklappere, wodurch ich munter wurde. Wie jeden Morgen ritzte ich mit dem Fingernagel einen Strich in die Wandflächen ein. Mit den Fingernägeln zog ich die Striche daran, damit ich wußte, wie viele Tage ich hier zubrachte. Die einzige Freude war morgens, wenn ich wieder einen neuen Strich kratzen konnte.

Zum 1. Hochzeitstag hatte mir Matthias roten Nagellack geschenkt, ich lackierte mir die Finger- und Fußnägel am Strand. Vor lauter Langeweile kratzte ich nun den schönen Lack ab. Nagel für Nagel, bis nichts mehr vom Rot zu sehen war. Ich hatte ja soviel Zeit, es sorgfältig zu tun. Eine feine Beschäftigung.

Nach dem Frühstück, das heißt, nach dem vertrockneten Kanten Weißbrot, hörte ich Schritte, schwere Stiefelschritte. Sie blieben vor meiner Zelle stehen. Ich lauschte. Dann steckte jemand den

Schlüssel in das schwere Schloß und stand in der Tür. Er machte eine Handbewegung. „Raus – kommen – mitkommen!" befahl er. Was haben sie jetzt mit mir vor? Unzählige Gedanken und Ängste schossen mir in den Kopf. Denselben Gang wie am 2. Tag führte man mich entlang, diesmal aber in ein anderes Zimmer. Oh, was sahen da meine Augen! Ein helles, großes freundliches Zimmer, frische Luft, ein Fenster, wo ich den Himmel sehen konnte! All das, was ich so sehr vermißt hatte in diesen Tagen. An einem Schreibtisch saß ein großer schlanker Mann mit Anzug, keine Uniform! Wer war das? Meine müden Augen blickten auf den Schreibtisch, da lag eine Schachtel Zigaretten „Club", meine, unsere Lieblingszigaretten! Ein Deutscher also! Ungekämmt, fürchterlich gekleidet und nach Schweiß riechend nahm ich dem gutaussehenden Mann gegenüber Platz. Mich schämend und unsagbar peinlich fühlend saß ich zusammengesunken auf dem Sessel. Dann schossen mir ungewollt die Tränen hervor. Ich wollte doch so tapfer und stark sein. Aber die Sonne, die durch das große Fenster schien und die frische Luft nahmen mir allen Mut. Vor mir lief mein eigener Horrorfilm ab. Ich sah mich glücklich am Strand liegen, der leichte Wind spielte mit meinem Haar und plötzlich war alles schwarz, farblos geworden, wie Aschenputtel im Dreck. Auf einmal hatte ich nichts, überhaupt nichts mehr. Ich durfte mich nicht waschen, kämmen, Zähne putzen, was hatte ich nur getan? Meinen Mann hat man brutal von mir gezogen und ich wußte nicht, wo er ist, wie es ihm geht. Was war übriggeblieben? Ja, mein reines, nacktes Leben, das war alles – wenig und viel zugleich. Wo blieben aber Licht? Luft? Nahrung? Ich war so sehr in meinen Gedanken, daß ich erschrak, als der Mann sich vorstellte. Ich zuckte zusammen. Nein, es war kein Film, kein Buch, kein Traum, was sich da in meinem Kopf abspielte. Es war die nackte Wahrheit im Hier und Jetzt. Ich mußte meine Tränen, die kein Ende nehmen wollten, zurückhalten, mich zusammenreißen, mußte zuhören, was er sagte. Aha, er war von dem Berliner Staatssicherheitsdienst beauftragt. Noch mal dieselben Fragen, doch er war sehr höflich und nett, mir schien es jedenfalls so, als hätte er Verständnis. Aber dies schien mir nur so, in Wirklichkeit ist das bei den Stasi-Typen Taktik. Aber wo sollte ich so etwas herwissen? Er begann so: „Also, Frau Jauch, da Sie eine Frau sind, und nur darum, nehme ich sie heute 15:00 Uhr mit." Er sagte mir, daß er weiß, wie schlimm es hier zugeht. Ein Trost. Meine erste Frage war, als er geendet hatte: „Was wird aus meinem Mann?" Antwort: „Den kann ich nicht mitnehmen, er wird wohl noch ein paar Tage hierbleiben müssen, aber wir holen ihn auch noch." Ich atmete sichtlich auf, er lebt. Und ich komme heute hier raus. Ich bat ihn sehr, Matthias wenigstens zu sehen. Dies verneinte er leise aber bestimmt. Mein Betteln hatte keinen Erfolg. Ich mußte meinen geliebten Mann ohne ein Wort zurücklassen. Man führte mich danach wieder ab, in meine Zelle Nr. 5.

Da saß ich wieder auf der harten Pritsche und grübelte über seine Worte nach. Wohin wollten sie mich bringen, das hatte er nicht gesagt. Wie? Mit dem Zug? Mit dem Flugzeug? Bulgarien liegt nicht um die Ecke von Leipzig oder gar Berlin. Ich wußte nicht, wie spät es war, er sagte 15:00 Uhr. Ja, wann war es 15:00 Uhr?

Auf einmal hatte ich große Angst, daß sie mich nicht mitnehmen, mich einfach vergessen, in diesem Loch hier. Kurz darauf ging die Zellentür auf. Man gab mir einen kleinen Besen und eine Schaufel. Ich sollte mein Miniloch auskehren und den Kanister mit dem abgestandenen Wasser leeren. Nun war es so weit. Ein neuer unbekannter Schritt erwartete mich. Bei dem Effekten zog ich, oh, wie wunderbar, meine eigenen Sachen an. Den Schmuck, Ehering, Ring, Kette und Uhr steckte man in eine Tüte. Dann brachte man mich die roten Treppenstufen nach unten. Dort standen vier junge Männer, sie sahen elendig aus! Dünn, kraftlos, die Augen starrten ins Leere. Sie mußten sich breitbeinig aufstellen. Mir bot man einen Stuhl an. Ich wollte ihnen zulächeln, doch ich konnte nicht. Der Stasimann von heute früh kam. Drei Uniformierte Bulgaren begleiteten uns nach draußen, an die ersehnte frische Luft. Ein Bus stand bereit. Ich stieg zuerst ein. Ein Stasibeamter zeigte mir, wo ich mich hinsetzen sollte. Anschließend kamen die vier Männer, jeweils zwei

Sitzreihen getrennt voneinander. Drei Bulgaren und zwei Stasileute fuhren mit. Unterhalten, Handzeichen oder sonstige Geräusche waren strengstens verboten. Der eine Mann hatte keine Schnürsenkel mehr in seinen Schuhen, er fragte, ob er sie aus seinem Gepäck nehmen kann. Die Antwort: „Nein! Die brauchen Sie sowieso nicht mehr."

MINISTERRAT
DER DEUTSCHEN DEMOKRATISCHEN REPUBLIK
Ministerium für Staatssicherheit

_Leipzig_____, den **17. Juli** 19__80

Das Bundesbeauftragte für die
Unterlagen des Staatssicherheitsdienstes
der ehem. DDR
Außenstelle Leipzig

Einlieferungsanzeige

Am **14. 7. 1980** _Lpz · Au 574/81_ wurde gegen **18.00** Uhr

in **Dragoman/VR Bulgarien** wegen des dringenden

Tatverdachtes **des versuchten ungesetzlichen Grenzübertrittes**
a) auf der Grundlage eines richterlichen Haftbefehls

b) vorläufig festgenommen

und am **17. 7. 80** in die UHA **MfS Leipzig**
eingeliefert.

Name **J A U C H**   Vornamen **Anke**

geb. am **2. Februar 1959**   in **Leipzig**

Beruf **Kosmetikerin**   zuletzt **Kosmetikerin**

Anschrift der Arbeitsstelle **Haus "Exklusiv" Chemisches Werk Miltitz,**

7010 Leipzig, Petersstr. 48

Familienstand **verh.** Staatsangehörigkeit **DDR**   Nation. **deutsch**

Wohnanschrift **7030 Leipzig,**

Letzter Aufenthalt **VR Bulgarien**

Na

7(

Nummer der Personaldokumente

PKZ: 020259 5 2500 1

Die Vorführung erfolgte

am _18.7.80_ , _14_ _30_ Uhr

durch

Name und Dienstgrad des Einliefernden

Form 503   877 1176 20.0

Transport im Stasi-Flugzeug

Der Bus fuhr zum Flughafen von Sofia, direkt auf die Rollbahn zum startklaren Flugzeug. Ich staunte nicht schlecht. Ein paar Minuten mußten wir noch sitzen bleiben, dann kam ein kleiner Bus mit Deutschen, Stasileuten, eine Frau war auch dabei. Zuerst kam die Stasifrau zu mir, packte meinen Unterarm und führte mich in die Maschine. Man glaubte es nicht, das muß man mit eigenen Augen gesehen haben. Ein Staatssicherheitsflugzeug extra für diese Zwecke, um Republikflüchtlinge zu transportieren.

Zwölf Personen in einer Maschine. Ich wurde angeschnallt, die Fenster wurden zugehangen. Da ich unaufhörlich heulte und ständig an meinen zurückgelassenen Matthias dachte, gab mir die Frau eine Tablette. Für jeden uniformierten Passagier gab es zwei belegte Scheiben Brot. Ich aß, als hätte ich zwei Wochen nichts gegessen. Ich stopfte die Schnitten in meinen trockenen Mund. Meine Uhr hatten sie auch in die Tüte gesteckt. So wußte ich nicht, wie lange und wohin der Flug ging. Wir setzten zur Landung an. Wo waren wir? Berlin? Dresden? Leipzig? Einzeln stiegen wir aus. Es war kalt und regnerisch. Von dem Flugzeug vier Schritte entfernt stand ein Auto, Art Lieferwagen. Von außen sah er ganz normal aus, wie jedes größere Auto. Doch dieser hier hatte es „in sich". Nein, es war kein normales Lieferauto. Doch bevor ich einstieg, stand eine Frau Oberst bei mir und drei weitere uniformierte Männer, die mir zeigten, wo ich entlang gehen sollte. Etwa 15 Schritte ging ich bis zu einem kleinen unscheinbaren Gebäude, dort erwartete mich eine ca. 20-jährige in Uniform, die mir Anweisung gab, mich auszuziehen und zwar schnell und völlig nackt! Ich streifte meine engen total verschwitzten Jeans ab, diese nahm sie sofort und kontrollierte sie. Aber wie! Sämtliche Innen- und Außennähte wurden sorgfältig abgetastet, und zwar Millimeter für Millimeter. Unterdessen war ich nackt. Sie befahl mir, die Arme zu heben, tastete meine Achselhöhlen und die Brust ab. Ich mußte meinen Kopf senken, sie suchte Flöhe, die ich nicht hatte. Dann ging es zum unteren Teil: Beine spreizen, drei Kniebeugen machen. Ich heulte, schämte mich vollends. Wenn man sich vier Tage nicht waschen durfte, die Zähne so viele Tage nicht geputzt waren, die Haare voller Fett. Ich war gedemütigt, geschockt.

Ich sollte mich wieder anziehen und ihr folgen. „Einsteigen", hieß der nächste Befehl, „in den Lieferwagen." Gebückt mußte ich in eine der vier winzigen Käfigzellen, die sie darin eingebaut hatten. Zum Transport von Menschen. Das glaubt mir kein Mensch, dachte ich. Ein Sitz, in dem ich nur mit eingezogenem Kopf sitzen konnte, die Beine dicht am Körper, nicht einmal die Füße hätte ich ein wenig ausstrecken können. Wie sollen da die Männer sich reinzwängen?

Auf dem Brett, was die Tür sein sollte, befand sich ein Schloß, keine Klinke, oben waren vier Ein-Ostmarkstücke große, runde Löcher. Ich war alleine eingestiegen, was aus den jungen Männern geworden ist, wußte ich nicht. Wir fuhren los. Wohin ging es nun? Wir fuhren Autobahn, das merkte ich an der Geschwindigkeit. Wie ich viel später erfuhr, sind wir in Berlin gelandet. Von dort aus nach Leipzig sind es ca. 200 km, doch die Fahrt wurde zur Ewigkeit.

Ministerium für Staatssicherheit in Leipzig
Untersuchungshaftanstalt Beethovenstraße

Das Auto hielt. Raus, so lautete der Befehl. Nur wenige Schritte, um in das Gebäude zu gelangen. Umdrehen durfte ich mich nicht. Ich wollte wissen, wo ich bin! Es war nun schon dunkel geworden. Dann sah ich es: die Gitter! Einen langen dunklen Gang mußte ich gehen, um in eine kleine Zelle gesperrt zu werden. Dort wurde ich gezwungen mich noch einmal auszuziehen, um die sogenannte Leibesvisitation über mich ergehen zu lassen. Man brachte mir eine Plastiktasse mit Tee. Einen mir viel zu großen Trainingsanzug und andere Wäsche mußte ich anziehen, die sogenannten „Knastsachen". Mir war übel, als ich die stinkenden harten Kleidungsstücke anziehen sollte. Eine Plastikschüssel, es gab alle Gegenstände nur aus diesem ekelhaften Material, mit Plastiklöffel. Keine Gabel oder Messer, eine Tasse und Waschzeug gab man mir auch. Welch ein Glück, daß ich in diesen Tagen nie einen Spiegel sah. Nur an eins dachte ich, wann, oh, wann kommt der Knall, der diesen unmenschlichen Alptraum zerplatzen läßt? – Er kam nicht.

Man führte mich eine Treppe hinauf. An den Wänden waren rote und blaue Lampen angebracht, auch Kameras und überall an jeder Wand Drähte. Der Mann, der mir folgte, schloß eine große Gittertür auf. Die Zellenetage! Oh, sah das in Natur gespenstig und schrecklich aus! Tür an Tür. Alle hatten eine Nummer, Schloß an Schloß. Der Mann holte seinen dicken Schlüsselbund hervor und schloß so eine Türe auf und sagte nur: „Rein." Es war die Zelle Nr. 28.

41

BV für Staatssicherheit Leipzig   Leipzig, den   17.07.80
Untersuchungshaftanstalt

P r o t o k o l l

über die Durchsuchung einer Person und der von ihr mitge-
führten Sachen

Der/die   Name, Vorname: J A U C H , Anke

         geb. am, in: 02.02.1959   Leipzig

         wohnhaft: 7030 Leipzig.

                  PKZ: 020259 5

wurde am heutigen Tage einer körperlichen Durchsuchung gemäß
§ 108 (2) StPO unterzogen.
Dabei wurden folgende Gegenstände und Unterlagen vorgefunden:

Lfd. Nr.	Bezeichnung	Verbleib			
		B	E	W	U
1.	1 Hose,weiß				
2.	1 Pullover,schwarz				
3.	1 Pullover,grau				
4.	1 Schlüpfer,weiß				
5.	1 Paar Socken,braun				

Das vorliegende Protokoll umfaßt 14 Positionen. Die be-
zeichneten Gegenstände und Unterlagen sind vollständig und
waren zum Zeitpunkt der Durchsuchung in meinem Besitz.
Die Richtigkeit des Verzeichnisses erkenne ich an.

Durchsuchende:

_____   _____
                          Unterschrift des Durchsuchten

14

Lfd. Nr.	Bezeichnung *Lpz. Az. 514/81*	Verbleib			
		B	E	W	U
6.	1 Paar Schuhe				
7.	1 Paar Schnürsenkel				
8.	1 Armbanduhr "Avanti" weißes Metall				
9.	1 Armbanduhr, Quarz gelbes Metall				
10.	1 Halskette,gelbes Metall				
11.	2 Eheringe,gelbes Metall				
12.	1 Ring,gelbes Metall mit 1 blauen u.2 roten Steinen				
13.	1 Ring,gelbes Metall mit 1 blauen Stein				
14.	Bargeld: 44,90 Lewa				
	1,00 Schilling				

Ich zog mich aus, endlich Ruhe! Wollte mich nach so langer Zeit waschen, da bemerkte ich, daß sich das „Guckloch", was sich in jeder Zellentür befand, bewegte und sogleich drehte sich der Schlüssel im Schloß. „Nicht ausziehen, in zehn Minuten hole ich Sie, merken Sie sich Nr. 2, das sind Sie ab jetzt." Knall – die Tür war wieder zu. Also immer noch nicht waschen. Eine Sauerei. Ich war nun kein Mensch mehr, ich war einfach nur die „Nr. 2"! Als ich mich so umsah, mußte ich gestehen, daß diese Zelle einer feinen Hotelzelle entsprach, im Gegensatz zum Loch in Bulgarien. Plötzlich bemerkte ich, daß es zwei Betten, bzw. zwei Holzbretter gab, und in einem lag eine Frau! Sie schaute auf und wir begrüßten uns. Endlich einen Menschen treffen, mit dem man sprechen konnte. Welch Wohltat! Da es vermutlich schon spät am Abend war, sagte ich, sie solle weiterschlafen, ich mache leise. Wir sagten uns nur die Namen, dann schlief sie wieder ein, sichtlich erschöpft. Ich sah nur noch, daß sie ein dickes, aufgequollenes verweintes und sehr müdes Gesicht hatte. In diesem Moment beneidete ich sie. Sie durfte schlafen und das war auch mein größter Wunsch – schlafen, ein paar Stunden nur, doch, wann konnte ich das? Ein Holztisch und zwei wacklige Holzhocker standen noch in der Zelle. Über jeder Pritsche hing ein kleiner Plastikschrank. Ein echtes Waschbecken und eine richtige Toilette – welch ein Aufstieg! Aus dicken fetten Glasbausteinen war das Fenster, wodurch man selbstverständlich nichts sah. An einer Stelle drang etwas Luft in den kleinen Raum. Ich wußte immer noch nicht, wo ich war, was das für ein „Haus" ist, und in welcher Stadt. Mir blieb wenig Zeit, um meine Gedanken zu ordnen. Der Mann kam schon, um mich zu holen. Wieder ein langer Gang – Treppen, Gitterstäbe, Kameras, Drähte und Lampen überall. Vor einer Tür blieb er stehen und sprach im Befehlston: „Links ran, Gesicht zur Wand – warten." Er klopfte an und ging hinein, kurz darauf kam er, machte nur eine Handbewegung – rein. Ich sollte also in Zukunft nicht einen einzigen ordentlichen Satz zu hören bekommen, nur diese Wortfetzen.

Nachtverhör

In dem Zimmer brannten sehr helle Leuchtstofflampen, normale Fenster, doch davor ein Gitter. Ein großer Schreibtisch stand da und an den Wänden hingen natürlich, wie sollte es auch anders sein, meine Freunde Lenin und Honecker. In der äußersten Ecke stand ein Holzstuhl. Höflich, wie ich war, sagte ich guten Tag. Am Schreibtisch saß ein ca. 35 Jahre alter Mann, mit Anzug und Krawatte. Sein Haar war blond und links ein akkurater Scheitel. Der harte Holzstuhl war für mich. Die wissen schon, wie sie es anstellen – setzen einen feingebügelten Herrn in einen Lederchefsessel und selbst sieht und fühlt man sich elend, hat Kleidungsstücke vom Müll an, die Haare triefen vor Fett, ungekämmt. Das alles allein beeinflußt schon das Selbstwertgefühl, bei jedem. Trotz meines Aussehens senkte ich meinen Kopf nicht. Oh nein, warum denn? Vor diesem glattrasierten und von der Stasi gewaschenen Herrn? Ich bin viel mehr wert, als dieser Lügenbold. Meine erste Frage, noch etwas zaghaft: „Wo bin ich?" In einem ruhigen, ja fast netten Ton sagt er: „In Leipzig-Beethoven-Straße und das Gebäude ist das Ministerium für Staatssicherheit." Aha, ich staunte, denn es war nur einige Straßen von meinem Elternhaus entfernt. Dann sagte er mir wörtlich, daß er mir nun Fragen stellt, danach eine halbe Stunde Pause, um anschließend das Protokoll zu schreiben. Nun gut, dachte ich, das wird ja alles nicht so lange dauern. Doch schon wieder irrte ich mich gewaltig. Es begann das Nachtverhör 3. Grades, wie man so schön sagt, mit der Frage, ob er ein Tonband mitlaufen lassen kann. Der Untersuchungsführer, wie er sich nannte, hatte einige Zettel vor sich liegen, ein Schema also, wonach er mich befragte. Er drückte die Taste vom Tonbandgerät und richtete das Mikrofon auf mich. Warum, wieso, weshalb, alles ganz genau, schrecklich diese Fragerei. Er machte sich Notizen. Da ich zu dieser Stunde noch hoffte, daß wir gut und schnell aus dieser Sache rauskommen, log ich und stritt alles unterstellte ab – es war kein Fluchtversuch, man hat uns grundlos verhaftet und dies ohne Haftbefehl. Ich blieb fünf lange Stunden hart, sagte kein Wort, was uns verraten könnte, noch dachte ich, die Chance zu haben. Im stillen dachte ich mir, die haben 20 Jahre lang gelogen, warum sollte ich nicht einmal fünf Stunden lügen dürfen.

Er meinte immer nur: „Nun, Frau Jauch", ja, da war ich noch Frau Jauch und keine Nummer bei ihm, „sagen Sie endlich die Wahrheit." Ich lächelte ihn an und sagte: „Das ist die Wahrheit." So ging das Spiel einige Stunden. Er wurde ab und zu sehr laut und auch zornig. Er goß sich zwischendurch großzügig duftenden Kaffee ein, den er genüßlich vor mir trank. Wie gerne hätte ich nur einen kleinen Schluck davon gehabt. Die Luft im Raum war stickig. Mein Hals war trocken vom vielen Reden. 0:30 Uhr schaltete er das Tonbandgerät aus und griff zum Telefonhörer: „Nr. 2 auf Zelle 28 abholen." Nach ein paar Minuten erschien ein Uniformierter und holte mich, die Nr. 2, ab und brachte mich auf meine Zelle, das heißt dort Verwahrraum. Ich wurde also gut „verwahrt". Tür auf – rein – und Tür zu mit den Worten: „Nicht schlafen, ich hole Sie wieder." Gut, bald konnte ich ja schlafen, das Protokoll, was noch angefertigt werden sollte, dauert bestimmt nicht länger als 1-2 Sunden, er hatte sich ja alles aufgeschrieben und das Tonband. Dann war es wieder so weit. Ich hatte mir in der ca. halben Stunde endlich die Zähne putzen können und mir mit einer Art Kernseife die Haare gewaschen. Nun begann alles von vorne, jede Frage, jede Antwort wurde noch mal ausführlich durchgegangen, neue Fragen kamen hinzu, er bohrte und bohrte, wie der übelste Zahnarzt. Doch ich blieb fest in meinen Antworten. Dabei dachte ich auch an Matthias, er sollte sehen, wie standhaft ich war, und daß er sich auch in der schlimmsten Situation auf mich verlassen konnte. Die Gedanken an ihn gaben mir neue Kraft für die nächsten sechs Stunden. Diese Fragerei wollte kein Ende nehmen. Ich war so erschöpft und müde. Er schrieb das Protokoll mit der Hand. Als ich hörte, daß die Vögel, draußen in der Freiheit, anfingen, zu zwitschern und es langsam hell wurde, fragte ich, wie spät oder besser, wie früh es denn sei. Antwort: „Ja, eigentlich darf ich Ihnen keine Uhrzeit nennen", begann er, da mußte ich so lachen, wie lächerlich das war und er sagte: „06:00 Uhr früh." Ich war fix und alle von dem Tag in Bulgarien, der Flug, die Fahrt im Käfigauto, die anstrengende, aufregende und fragende Nacht. Doch noch immer war ein Ende nicht abzusehen. Wie lange wohl hielten sie mich noch wach? Plötzlich ging die Tür auf, ein großer, etwas dicklicher, älterer schwarzhaariger Mann trat ein, er hatte ein böses, finsteres Gesicht. Er flößte mir Angst ein. Die beiden redeten leise, ich verstand nichts, ich sah nur, daß der Hinzugekommene immer nur den Kopf schüttelte beim durchlesen des Protokolls. Er sah mich an, als wollte er mich auffressen, und sagte scharf, ich solle endgültig die Wahrheit sagen, sonst wird alles noch viel schlimmer für mich und meinen Mann. Nein, nein, nein! Die ganz lange Nacht hast du standgehalten, nur jetzt nicht aufgeben. Fest sah ich ihm in die Augen und sagte: „Das ist die Wahrheit, die dort steht!" Nun stellte er mir die Fragen, eindringlicher und konkreter, als der andere in der ganzen Nacht. Nach ca. einer halben Stunde schrieb er etwas auf einen Zettel, den er dem Untersuchungsführer reichte und ging aus dem Zimmer. Erleichtert atmete ich auf. Es standen wieder Fragen an mich auf dem Zettel, er ging brav Frage für Frage durch, ich dachte mir nur: Kommt er sich nicht etwas dumm vor, so abgelesene Fragen zu stellen. Es dauerte nicht lange und der andere kam wieder, diesmal setzte er sich mit an den Schreibtisch, mir gegenüber. Mit ernster Miene las er sich die Antworten auf seine Fragen durch und schüttelte wieder nur heftig mit dem Kopf. Jetzt stand er auf und sagte: „Nun gut, wenn Sie es so wollen, dann können wir auch anders." Ich war gespannt, was nun kommen sollte.

Anhand dieser Prospekte habe ich mich gemeinsam mit meinem Mann
auf meiner Arbeitsstelle über die Sehenswürdigkeiten in der VR
Bulgarien informiert.

Frage: Weshalb haben Sie sich eine Autokarte der VR
Bulgarien ausgeliehen?

Antwort: Ich habe mir diese Karte ausgeliehen, weil
ich der Auffassung bin, daß wir während unserer Reise in der VR
Bulgarien eine solche Karte benötigen, insbesondere deswegen, weil
wir beabsichtigen, zu unseren jeweiligen Aufenthaltsorten in der
VR Bulgarien zu trampen. Der Besitz einer solchen Karte machte sich
notwendig, da wir anhand dieser Karte jedem Autofahrer zeigen
konnten, wo wir hin wollen.

Frage: Wo befindet sich die von Ihnen genannte Autokarte der VR Bulgarien?

Antwort: Die von mir genannte Autokarte befindet sich
bei unserem Gepäck auf dem Campingplatz Vranja in der Nähe von Sofia.

Frage: Inwieweit haben Sie sich gemeinsam mit Ihrem
Ehemann die von Ihnen genannte Autokarte vor Antritt Ihrer Reise
angesehen?

Antwort: Wir haben uns diese Karte etwa Ende Juni
1980 nur einmal kurz angesehen. Wir haben uns anhand dieser Karte
über die Orte am Schwarzen Meer sowie über die Entfernung von Burgas nach Sofia informiert.
Wir haben uns über die Entfernung informiert, weil wir die Absicht hatten, diese Strecke zu trampen.

Frage: Sagen Sie über die weiteren Vorbereitungen Ihrer gemeinsamen Reise aus!

Antwort: Am 30. 6. 1980 kaufte ich in der Filiale der
Staatsbank der DDR in Leipzig in der Petersstraße für etwa 1 300,--
Mark Reisezahlungsmittel der VR Bulgarien ein. Ich erhielt dafür
etwa 380,--Lewa. Die Reisezahlungsmittel kaufte ich erst am 30.
6. 1980, da ich bis zu diesem Tag überhaupt noch nicht wußte, ob wir
unsere Reise nach der VR Bulgarien am 1. 7. 1980 antreten können,
denn ich hatte etwa seit 1½ Wochen die Windpocken und am 30. 6. 80
wurde ich erst gesund geschrieben.

führt. Wir waren dazu der Auffassung, daß diese Straße sehr stark
befahren ist, vor allem Touristen, und wir deswegen größere chan-
cen hatten, daß wir mitgenommen werden und somit schnell ans Ziel
gelangen können, um dann auch rechtzeitig zurückkehren zu können.
Dazu möchte ich erklären, daß uns von unseren Reisen in die CSSR
1978 und in die UVR 1979 bekannt ist, daß diese Europastraßen sehr
stark befahren sind. Demgegenüber haben wir in der VR Bulgarien
während unserer Tour von Burgas nach Sofia die Erfahrung gemacht,
daß die nationalen Straßen wenig befahren sind und wir nur von 3
oder 4 Fahrzeugen auf der gesamten Strecke mitgenommen wurden.

Frage: Sagen Sie über Ihren weiteren Aufenthalt in
der VR Bulgarien aus!

Antwort: Nachdem wir uns entschlossen hatten, zum
Campingplatz bei Kalotina zu trampen, verließen wir Sffia zu Fuß
auf der Europastraße 5 gegen Mittag des 14. 7. 1980. Anfangs
mußten wir sehr viel laufen, da wenig Verkehr auf dieser Straße
war und uns auch kein Fahrzeug mitnahm. Etwa 2½ Stunden warteten
wir vergebens, daß uns ein Fahrzeug mitnahm. Wir wollten fast schon
wieder zurückkehren, begaben uns jedoch erst einmal zu einer kleinen Raststätte, die mir namentlich nicht erinnerlich ist, wo wir
etwas gegessen haben. Danach versuchten wir es jedoch noch einmal
und gegen 16.30 Uhr nahm uns ein bulgarischer Bürger in seinem Pkw
bis Dragoman mit. Danach sind wir nach etwa 10 Minuten weiter in
Richtung Kalotina gelaufen, wo wir dann auf einen Straßenkontroll-
posten der Grenzsicherungskräfte stießen. Wir wurden einer Ausweis-
kontrolle unterzogen und da wir unsere Personaldokumente nicht bei
uns hatten, erfolgte gegen 18.00 Uhr am 14. 7. 1980 unsere Festnahme.

Frage: Weshalb hatten Sie zu diesem Zeitpunkt keine
Personaldokumente bei sich?

Antwort:/Wir hatten an diesem Tag und auch an den voran-
gegangenen Tagen unsere Personaldokumente nicht bei uns, weil unsere
Personalausweise sowie unsere Reiseanlagen bei der Campingplatz-
leitung auf dem Campingplatz "Vranja" bei unserer Ankunft am 9. 7.
1980 abgegeben werden mußten. Wir würden unsere Personalausweise
erst wieder zurückerhalten, wenn wir den Campingplatz verlassen
und die entsprechenden Zeltplatzgebühren bezahlt sind.

posten begeben haben, denn wenn wir vorher umgedreht wären,
hätten die Grenzsicherungskräfte einen begründeten Verdacht
gehabt, daß wir etwas im "Schilde" führen würden.

Frage: Ihre bisherigen Aussagen zum Aufenthalt in
der VR Bulgarien sind unglaubwürdig. Sie werden nochmals zur
Wahrheit ermahnt und Ihnen wird erneut Gelegenheit gegeben, sich
umfassend gemäß § 47 StPO zu der gegen Sie erhobenen Beschuldigung
zu äußern!

Antwort: Meine bisherigen Aussagen zur Zielstellung
des Aufenthaltes in der VR Bulgarien entsprechen nicht den Tatsachen.
Die gegen mich erhobene Beschuldigung der Durchführung eines ungesetzlichen Grenzübertrittes besteht zu Recht.
Ich bin gemeinsam mit meinem Ehemann mit dem Ziel der Nichtrückkehr in die DDR am 1. 7. 1980 in die VR Bulgarien gereist, um an
der Staatsgrenze der VR Bulgarien nach der SFR Jugoslawien nach
einer guten Möglichkeit für unser Vorhaben des ungesetzlichen
Grenzübertrittes zu suchen und diese bei einer risikolosen Möglichkeit ohne Genehmigung zu überschreiten. Von Jugoslawien aus
wollten wir weiter nach Österreich und von dort aus in die BRD
trampen. Den Entschluß zu unserem ungesetzlichen Grenzübertritt
faßte ich gemeinsam mit meinem Ehemann etwa Mitte Juni 1980.
Gedanklich befassen wir uns mit einer ständigen Wohnsitznahme in
der BRD etwa seit Januar 1980.
Unser Entschluß zu dem Vorhaben des ungesetzlichen Grenzübertrittes erfolgte aufgrund unserer Vorstellungen über die Lebens-
verhältnisse in der BRD, wo wir ein "freieres Leben" als in der
DDR erwarteten.
Außerdem spielte der Umstand bei unserem Entschluß eine Rolle, daß
die Einberufung meines Ehemannes zum Grundwehrdienst bei der NVA
im November 1980 zu erwarten war, wodurch unsere gesamte Familien-
planung durcheinander geraten wäre und wir außerdem grundsätzlich
gegen die Ableistung des Wehrdienstes mit der Waffe in der Hand
sind.
Außerdem hat sich bei mir eine gewisse Unzufriedenheit über die ge-
sellschaftliche Entwicklung in der DDR herausgebildet, insbesondere

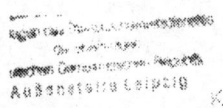

bin ich nicht damit einverstanden, daß man sich politisch betä-
tigen muß. Ich bin der Meinung, daß in der DDR ein gewisser Zwang
zur gesellschaftlichen Betätigung besteht, da man sich bereits in
kleinen Kollektiven dem Kollektiv unterordnen muß.
In Vorbereitung unseres ungesetzlichen Grenzübertrittes habe ich
am Abend des 30. 6. 1980 einen Abschiedsbrief an meine Eltern in
der Wohnung meines Ehemannes geschrieben und diesen Abschiedsbrief auf dem Tisch im Zimmer hinterlegt. Der Abschiedsbrief be-
inhaltete sinngemäß folgenden Text: "Liebe Eltern! Sollten wir
nicht zurückkehren, dann hat sich unser größter Wunsch erfüllt.
Macht Euch keine Sorgen, wir sind jung und werden es schon irgendwie schaffen." Weiterhin teilte ich in dem Brief mit, wo sich die
Hochzeitsgeschenke für die jeweilige Silberhochzeit befinden und bat
darum, daß sie die Möbel, die wir uns angeschafft haben, verkaufen
sollen.
Weiterhin habe ich in Vorbereitung unseres ungesetzlichen Grenzübertrittes Reisezahlungsmittel sowie die Fahrkarten für die Zug-
reise von Leipzig nach Dresden am 30. 6. 1980 gekauft. Darüber
habe ich bereits ausführlich in der heutigen Vernehmung ausgesagt.
Außerdem haben wir uns, gemeint sind mein Mann und ich, gemeinsam
die von mir genannte Autokarte der VR Bulgarien angesehen und haben uns anhand dieser Karte über den Grenzverlauf der bulgarisch-
jugoslawischen Staatsgrenze informiert. Wir haben jedoch noch keine Festlegungen bzw. eine Vorauswahl für ein bestimmtes Gebiet
für unser Vorhaben des ungesetzlichen Grenzübertrittes getroffen.
Darüber wollten wir erst in der VR Bulgarien entscheiden, nachdem
wir noch einige schöne Urlaubstage verlebt haben.
Erst am 14. 7. 1980 haben wir uns nach nochmaligem Studium der von
mir genannten Karte auf dem Campingplatz "Vranja" das Gebiet bei
Kalotina als Grenzdurchbruchsgebiet ausgewählt.
Uns erschien dieses Gebiet am günstigsten, da der Weg nach Kalotina die kürzeste Strecke von Sofia bis zur bulgarisch-jugosla-
wischen Grenze ist und wir annahmen, daß wir auf einer belebten
Straße nicht gleich auffallen würden und wir außerdem schnell per
Anhalter im Grenzgebiet bei Kalotina ankommen. Gegen Mittag des
14. 7. 1980 begaben wir uns von Sofia in Richtung Kalotina.

Wir erreichten jedoch unser Ziel nicht, da wir bereits bei Dragoman gegen 18.00 Uhr am 14. 7. 1980 bei einer Straßenkontrolle durch die Sicherheitsorgane der VR Bulgarien festgenommen wurden.

Ich habe das Vernehmungsprotokoll gelesen.
Die darin enthaltenen Antworten entsprechen inhaltlich meinen Aussagen.

....
Anke J A U C H

....
Oberfeldwebel

e

....
Anke J A U C H

Aufgebracht lief er auf und ab und sagte mir, daß er die Telefon-
nummer sowie die Adresse von meinen Eltern haben wollte, um
daraufhin sofort eine Hausdurchsuchung durchzuführen. Das war
ein Schlag für mich! Nein, damit hätte ich nicht gerechnet. Mir
wurde heiß. Hausdurchsuchung, schoß es mir durch den Kopf,
der Abschiedsbrief, der alles verriet, lag noch mitten auf dem
Wohnzimmertisch, mit dem Inhalt: Liebe Eltern, Möbel aufteilen,
endlich frei sein, größter Wunsch für uns beide...
Alles ist nun aus!
Ich sagte ihm die Betriebsadressen von meinen Eltern, wo sie sich
jetzt befanden. Noch in der geringen Hoffnung, daß es nur ein Bluff
war. Ich fragte sehr naiv, ob er tatsächlich eine Hausdurchsuchung
durchführen würde. „Natürlich, was dachten Sie denn", bekam ich
zur Antwort. Schluß, aus, alles vorbei. Ich sah beiden Männern fest
in die Augen, denn jetzt noch zu lügen, hatte keinen Zweck mehr.
Und ich sagte: „Okay, okay, ich habe gelogen." Mir war, als ob beide sarkastisch lächelten und aufatmeten, sie sahen sich grinsend
an, wie: Gewonnen! Eins zu null für uns, die Stasi, sie lebt und be-
zwingt! Nun nahm alles eine Wende, er wurde plötzlich nett und
fragte, was ich zu essen und zu trinken haben möchte. „Nichts",
antwortete ich kühl. Doch er brachte mir zwei Spiegeleier mit Brot
und Schinken, ein Kännchen Kaffee und eine Schachtel Zigaretten.
Auf einmal ging alles. Nun wunderte mich bei diesen ausgekochten
mit sämtlichen Wassern gewaschenen Stasileuten überhaupt nichts
mehr. Ich hätte einen Bärenhunger haben müssen, nach der langen
quälenden Nacht, doch ich bekam nicht mal die Hälfte runter. Mir
war schlecht, wir hatten verloren, was nun? Den Kaffee trank ich
schnell aus und die erste Zigarette rauchte ich in gierigen Zügen.

Anschließend, sie ließen mir wenig Zeit, drängelten sie, ich solle
nun alles der Reihe nach erzählen und anschließend ein Geständnis
mit Begründung schreiben. Zwei bis drei Seiten lang. Ich schrieb
nicht so viel, ich konnte nicht mehr, hatte keine Nerven mehr,
keine Kraft. Alles nur in knappen Stichpunkten, zur Vorbereitung,
Fluchtversuch, wozu wir gar nicht gekommen sind, Gründe, die

DDR zu verlassen und wie ich mir vorstellte, wie es weitergehen soll. Bei der Begründung, es ging jetzt nur um mich, warum ich fliehen wollte, schrieb ich die meisten Stichwörter. Endlich, endlich kann ich euch Stasileuten sagen, was ich dachte. Das tat gut, die Wahrheit zu sagen. Jetzt, da, wo ich war, in Gefangenschaft des Staatssicherheitsdienstes, das allerschlimmste, was es für die Leute in der DDR gab, also die absolute Endstation, konnte nichts mehr passieren. Völlig ausgeliefert befand ich mich in den Händen, nein, in dessen Krallen, die wie Adler zupacken und nicht eher loslassen, bis alles restlos geklärt ist. Was konnte noch schlimmeres auf mich zukommen, als im Gefängnis des MfS zu landen? Wenn man sich dort als anständiger Mensch befindet, gibt es kein Zurück, jetzt nicht und später nicht, mir blieb nur eins – ich mußte kämpfen, so gut ich konnte, diese Gedanken gingen mir nun durch den Kopf. Es wurde ein neues Protokoll geschrieben, jetzt mit der Wahrheit. Meine Eltern wurden benachrichtigt. Ich erklärte, daß man es meiner Mutter besonders rücksichtsvoll beibringen soll, da sie herzkrank ist. Die Hausdurchsuchung fand statt unter Anwesenheit meiner Mutter und einer Hausbewohnerin. Gegen 10:00 Uhr wurde ich endlich in die Zelle zurückgebracht. Dort angekommen warf ich mich, so wie ich war, auf die harte Pritsche und wollte schlafen, was man mir endlich erlaubt hatte. Doch der Schlaf wollte nicht kommen, ein Gedanke jagte den nächsten, wie geht es weiter?

MINISTERRAT
DER DEUTSCHEN DEMOKRATISCHEN REPUBLIK
Ministerium für Staatssicherheit

Leipzig, den **17. Juli** 19 **80**

Verfügung

ESU
090011

Gemäß § 98 der Strafprozeßordnung wird gegen den/die

Name ......**J A U C H**..

Vorname ....**Anke**..

geboren am ....**2. 2. 1959**...... in ....**Leipzig**..............

Beruf ....**Kosmetikerin**...... zuletzt ....**Kosmetikerin**..............

Wohnanschrift ....**7030 Leipzig.**......................................

aus den unten angeführten Gründen die Einleitung/Erweiterung eines/des Ermittlungsverfahrens
angeordnet.

Gründe:

**Die JAUCH ist dringend verdächtig, gemeinschaftlich mit ihrem
Ehemann handelnd, am 14. 7. 1980 bei Kalotina versucht zu haben,
rechtswidrig von einem Aufenthalt in der VR Bulgarien nicht in
die DDR zurückzukehren, sondern über Jugoslawien und Österreich
nach der BRD zu gelangen, um dort den ständigen Wohnsitz zu nehmen.**

strafbar gemäß: § 213 (2) (3) 5 (4) StGB

*) Nichtzutreffendes streichen

....
Leiter des Untersuchungsorgans

Form 562   041 1277 20.0

An den Staatsanwalt ......**des Bezirkes Leipzig, Abt. IA**...

Es wird gebeten

1. Erlaß des richterlichen Haftbefehls gegen den Beschuldigten zu beantragen.

2. Gemäß §§ 108, 109 StPO die Durchsuchung der Wohn- und Nebenräume des Beschuldigten und die Beschlagnahme aller Gegenstände, die für die Untersuchung von Bedeutung sind, anzuordnen.

Gründe: (einschl. verletzte Strafrechtsnormen und Begründung für die Notwendigkeit der Untersuchungshaft gemäß der StPO)

Die JAUCH ist dringend verdächtig, gemeinschaftlich mit ihrem Ehe: handelnd einen ungesetzlichen Grenzübertritt durch rechtswidrige I rückkehr in die DDR versucht zu haben, indem sie am 1. 7. 1980 in VR Bulgarien reiste und am 14. 7. 1980 versuchte, bei Kalotina/Dr: die bulgarisch-jugoslawische Staatsgrenze zu überwinden, um über ; lawien und Österreich nach der BRD zu gelangen und dort den ständ: Wohnsitz zu nehmen.

Strafbar gemäß: § 213 (2) (3) 5 (4) StGB

Haftgründe: § 122 (1) 1 (2) 1 StPO

Als Beweismittel werden beigefügt:

1. Aussagen der Beschuldigten JAUCH vom 17./18. 7. 1980
2. Akte der Sicherheitsorgane der VR Bulgarien
3. persönliche Niederschrift vom 18. 7. 1980

Hinweise für den Staatsanwalt zur Sicherung der Ansprüche des Beschuldigten entsprechend der beigefügten Erklärung des Beschuldigten:

Eine sofortige Benachrichtigung der Angehörigen und des Betriebes kann — nicht — vorgenommen werden, d~~~~~~~~~~~~~~~~~~~~~~~~~~~~~~~

Bestätigt:

....
Name, Dienstgrad   Name, Dienstgrad

*) Nichtzutreffendes streichen

Ausfertigung

Das **Kreis** gericht **Leipzig**

Aktenzeichen: _____
(Bei Eingaben stets anführen).

Leipzig , den 18. Juli 1980
Fernruf

Haftbefehl

BStU
090019

Die JAUCH, Anke, geb. am 2. 2. 1959 in Leipzig,
wh.: 7030 Leipzig,
ist in Untersuchungshaft zu nehmen.

Sie wird beschuldigt, mit einem anderen versucht zu haben, unge-
setzlich nicht wieder in die DDR zurückzukehren.
Sie ist am 1. 7. 1980 in die VR Bulgarien gereist, um von dort aus
über die SFR Jugoslawien in die BRD zu gelangen. Am 14. 7. 1980 wurde sie im Raum Kalotina/VR Bulgarien gestellt.

Der Bundesbeauftragte für die
Unterlagen des Staatssicherheitsdienstes
der ehemaligen
Deutschen Demokratischen Republik
Außenstelle Leipzig
KOPIE
aus Akte   zu: AU 574/81

Vergehen/Verbrechen gem. § 213 (2) (3) 5 (4) StGB
Er/Sie ist dieser Straftat   dringend verdächtig.   §
Die Anordnung der Untersuchungshaft ist gemäß § 122 (1) 1 (2) 1 StPO
gesetzlich begründet, weil sich aus der Art und Weise der Tatbegehung Flucht-
verdacht ergibt.

Gegen diesen Haftbefehl ist das Rechtsmittel der Beschwerde zulässig (§ 127 StPO).
Sie ist binnen einer Woche nach Verkündung des Haftbefehls bei dem unterzeichneten Gericht zu
Protokoll der Rechtsantragstelle oder schriftlich durch den Betroffenen oder einen in der DDR zu-
gelassenen Rechtsanwalt einzulegen (§§ 305, 306 StPO).

Ausgefertigt am 18. 7. 80
Die Geschäftsstelle des Kreisgerichts Leipzig   Haftrichter

Best.-Nr. 220 16 Haftbefehl – §§ 124, 127, StPO
Vordruckbetrieb Demos Osterwieck

Ag 305/DDR/78/2275/180,0

Das Mittagessen wurde durch eine kleine Klappe in der Zellentür reingeschoben, es gab einen fettigen Eintopf. Ich aß nichts, stellte die Plastikschüssel auf den Toilettendeckel und versuchte doch noch zu schlafen. Dazu kam ich aber nicht mehr. Die Tür wurde schnell und sehr geräuschvoll aufgesperrt und ein Beamter sagte: „Nr. 2", mit einer Handbewegung nach draußen auf den Gang. Zwei lange Gänge und viele Treppen mußte ich unter Bewachung entlanggehen. In ein kleines Zimmer wurde ich geschickt, dort saß eine häßlich Zwergnase, weibliche Person, und ein sehr dicker älterer Mann. Auf einem Holzschemel nahm ich Platz. Zwergnase, die Sekretärin, steckte ein Blatt in die Schreibmaschine und der Mann stellte sich als Haftstaatsanwalt vor. Bitte wer? Ich mußte erst das Wort sortieren, alles war so fremd, ungewöhnlich, solche Worte gab es doch nur im Krimi!

Wieder die gleichen Fragen – warum, weshalb, Begründung. Ich war genervt, faßte mich kurz, bei meiner Fluchtbegründung schüttelte die Zwergnase ihren häßlichen Kopf – nein, nein, wie kann man nur.

Es wurden beschlagnahmt und in Verwahrung genommen:

Lfd. Nr.	Menge Anzahl	Gegenstand	Genaue Bezeichnung des Fundortes
1.	3	frank. Briefumschl. mit Inhalt	Wohnzimmer
2.	1o	frank. Ansichtskarten	"
3.	1	unfrank. Ansichtskarte	"
4.	2	unfrank. Briefkarten	"
5.	4	Blatt Briefe ohne Umschlag	"
6.	2	Schreiben der AWG vom 29.2. und 23.6.8o	"
7.	3.	versch. Kalender mit Eintragungen	"
8.	1	Adressverzeichnis mit Eintragungen	"
9.	2	Aufzeichnungsbücher A% mit handschriftl. Eintragungen, Gedichten, eingeklebten Bildern, Zetteln, Fahrkarten u.a.m.	"
1o.	1	Aufzeichnungsheft A5 mit handschriftlichen Eintragungen	"
11.	6	versch. Zettel mit handschriftlichen Aufzeichnungen	"
12.	2	Zettel mit Adressen	"
13.	1	Blatt A5, Brief vom 3o.6.8o ohne Umschlag:" Liebe Eltern ! ...."	"
14.	1	Prospekt: "Wir brauchen keine Drogen...."	"
15.	1	Schreibheft A4 - Gästebuch- mit Eintragungen	"
16.	1	braune Geldbörse mit 1o Forum-Schecks, Betrag: 15,5o ---	"
17.	1	Wehrdienstausweis Nr. 73/179845 des Jauch	Schlafzimmer
18.	1	Abschlußzeugnis der 1o. Klasse vom 7.7.73	"
19.	1	FA- Zeugnis des J. v. xuxäxx 15.2.76	"
2o.	1	FA- Zeugnis des J vom 15.2.77	"
21.	1	Kalender 198o mit Eintragungen	"
22.	1	Beurteilung vom 2.11.74	"
23.	7	Blatt A4, handschriftl. Lebensläufe	"
24.	5	Blatt A5, versch. Schreiben, Aufhebungsvertrag, Neuerervorschlag u.a.	"
25.	2	Zettel mit Adressen u.a. Aufzeichnungen	"
26.	1	ärztlichen Attest	"
27.	1	frank. Briefumschl. mit Inhalt	"
28.	1	frank. Postkarte	"
29.	1	unfrank. Postkarte	Briefkasten

Durch meine Unterschrift bestätige ich, daß während der Durchsuchung nichts beschädigt und keinerlei Gewalt angewandt wurde. Den Räumlichkeiten wurden nur die im Protokoll unter Position 1. bis 29. aufgeführten Gegenstände und Unterlagen entnommen.
Die Anordnung zur Durchsuchung lag vor.
Vor Beginn der Durchsuchung wurde die Wohnung im Beisein der Zeugen fotografisch dokumentiert.

Unterschrift des Staatsanwaltes oder der unbeteiligten Personen

Ministerium für Staatssicherheit   Leipzig, den 23.07.1980
Bezirksverwaltung Leipzig

H e r a u s g a b e p r o t o k o l l

Am heutigen Tage wurden auf Verlangen der Mitarbeiter des
Untersuchungsorgans nachfolgend aufgeführte Unterlagen der

                    J a u c h , Anke geborene Zaremba
                    geb.am: o2. o2. 1959 in Leipzig
                    wh.: 7o3o Leipzig,

durch deren Mutter, Frau

gemäß § 110 Abs. 3 StPO freiwillig herausgegeben.
Die nachfolgend aufgeführten Unterlagen befanden sich in der
Handtasche der Obergenannten und wurden beschlagnahmt und
in Verwahrung genommen.

1.   1   frankierte Ansichtskarte aus Bulgarien vom o2.o7.1980
2.   1   Blatt Brief ohne Umschlag
3.   13   frankierte Ansichtskarten aus dem westlichen Ausland

Die Anordnung zur Durchsuchung und Beschlagnahme lag vor.

Übergeben: Übernommen:

Leipzig , den 19

Aus Akte *Lpz. AU 514/81* **Protokoll**

über die Durchsicht und Einschätzung der Bedeutung der

im Vorgang EV J a u c h , Anke, geb. am 2. 2. 1959 in Leipzig

beschlagnahmten und anderer vorliegender Gegenstände und Unterlagen.

Lfd. Nr.	
1.	3 frankierte Briefumschläge mit Inhalt
2.	10 frankierte Ansichtskarten
3.	1 unfrankierte Ansichtskarte
4.	2 unfrankierte Briefkarten
5.	4 Blatt Briefe ohne Umschlag
6.	2 Schreiben AWG vom 29. 2. und 23. 6. 80
7.	3 verschiedene Kalender mit Eintragungen
8.	1 Adressenverzeichnis mit Eintragungen
9.	2 Aufzeichnungsbücher A4 mit handschriftlichen Eintragungen
10.	1 Aufzeichnungsheft A5 mit handschriftlichen Eintragungen
11.	6 verschiedene Zettel mit handschriftlichen Aufzeichnungen
12.	2 Zettel mit Adressen
13.	1 Prospekt: "Wir brauchen keine Drogen ..."
14.	1 Schreibheft A4-Gästebuch – mit Eintragungen
15.	1 braune Geldbörse mit 10 Forumschecks, Betrag: 15,50 und 2,— M
16.	1 Wehrdienstausweis Nr. 73/179845 des Jauch, Matthias
17.	1 Abschlußzeugnis vom 7. 7. 1973
18.	1 Facharbeiterzeugnis vom 15. 2. 1976
19.	1 Facharbeiterzeugnis vom 15. 2. 1977
20.	1 Kalender 1980 mit Eintragungen
21.	1 Beurteilung vom 2. 11. 74
22.	7 Blatt A4, handschriftliche Lebensläufe

lfd. Nr.

23.	5 Blatt A4, verschiedene Schreiben, Aufhebungsvertrag, Neuerervorschlag u. a.
24.	2 Zettel mit Adressen und anderen Aufzeichnungen
25.	1 ärztliches Attest
26.	1 frankierter Briefumschlag mit Inhalt
27.	1 frankierte Postkarte
28.	1 unfrankierte Postkar
29.	

t

Die unter den Positionen 1 - 29 aufgeführten Unterlagen entstammen den Positionen 1 - 12 und 14 - 29 des Durchsuchungs- und Beschlagnahmeprotokolls vom 18. 7. 1980 und wurden am 10. 9. 80 an die Eltern der   J a u c h ,   Anke übergeben.

30.	1 frankierte Ansichtskarte vom 2. 7. 1980
31.	1 Blatt Brief ohne Umschlag
32.	13 frankierte Ansichtskarten

Die unter den Positionen 30 - 32 aufgeführten Unterlagen entstammen den Positionen 1 - 3 des Herausgabeprotokolls vom 23. 7. 1980 und werden ebenfalls an die Eltern der   J a u c h ,   Anke übergeben.

33.	1 Blatt A5, Brief vom 30. 6. 1980 ohne Umschlag; "Liebe Eltern!.."

Der unter der Position 33 aufgeführte Brief entstammt der Position 13 des Durchsuchungs- und Beschlagnahmeprotokolls vom 18. 7. 1980.

Position 33 ist Beweismittel

Ich war so erschöpft und müde, daß ich gar nicht mehr zuhören konnte, was mir der Haftstaatsanwalt alles sagte, ich reagierte einfach nicht mehr auf seine Fragen. Bald darauf brachte man mich in die Zelle zurück. Tine, meine Zellengenossin, war den ganzen Vormittag nicht da, sie wurde weggebracht, als ich schon wieder oben im 2. Stock war. Jetzt erst konnten wir uns richtig bekannt machen. Noch ängstlich und voller Mißtrauen erzählten wir uns unser Schicksal. So erfuhr ich, daß sie den ganzen Tag bei Verhören mit zwei Beamten war. Ihr Mann ist mit einem Sportflugzeug abgehauen. Sie hat man sofort daraufhin verhaftet wegen Mitwisserschaft, was denen schwerfiel zu beweisen. Tine war 28 Jahre alt und hatte zwei kleine Kinder, die nach ihrer Verhaftung bei ihren Eltern untergebracht waren. Sie sah sehr müde und überanstrengt aus, hatte dicke, rotverweinte Augen, man machte es ihr besonders schwer, da die Flucht ihres Mannes gelungen war und es am Abend vorher mit großem Wirbel und Aufsehen in der Tagesschau zu sehen war. Später, als ich Tine im Zuchthaus wieder traf, erfuhr ich, daß sie nicht nur eine Flucht geplant, sondern auch schon einen Heißluftballon gebaut hatten, mit dem die ganze Familie fliegen wollte. Dummerweise hatten sie den angefangenen mit Gärtnerfolie gebastelten Ballon in der Garage liegen und die Stasileute haben ihn bei der Hausdurchsuchung gefunden. Dies brachte Tine 2 Jahre und 3 Monate Zuchthaus ein, und das mit zwei kleinen Kindern.

Wir hatten Freundschaft geschlossen, doch es sollte nicht lange anhalten. Nur ein paar Stunden waren wir zusammen, da knallte die Tür auf und man sagte: „Eins und zwei, alle Sachen packen!" Unberechenbar, verdutzt und nichtsahnend sahen wir uns sprachlos an. Was sollte das schon wieder? Nach einer kurzen Zeit holte man Tine aus der Zelle und brachte sie woanders unter. Ich wurde in die Nebenzelle gebracht. Dort saß auf dem Holzstuhl Annika. Unter pausenlosem Erzählen bezog ich meine Decke auf der Pritsche. Annika war 26 Jahre alt, verheiratet und hatte einen 6-jährigen Sohn. Gemeinsam mit ihrem Mann, dem Sohn und einem befreundeten Ehepaar wollten sie von der ungarischen Grenze nach

Jugoslawien in der Nacht fliehen, was leider nicht gelang. Für mich waren die Geschichten alle neu, es war außerordentlich interessant, wie andere ihre Flucht planten und durchführten. Das es überhaupt noch andere gab, die den gleichen Weg gehen wollten wie wir, gab mir eine ganz neue Perspektive. Ich war nicht alleine!

17:00 Uhr kam das Abendbrot, ich aß kaum etwas. Meine Gedanken waren noch sehr durcheinander – Matthias, die Eltern, die Vernehmung, die Arbeitskollegen vom Haus Exklusiv, alles ging mir durch den Kopf.

Kurze Zeit nach dem Abendessen ging die Klappe auf und „2" wurde verlangt. Ach ja, das war ja ich. Der Wärter gab mir eine Schachtel „Club" Zigaretten, Streichhölzer sowie einen kleinen Zettel von meiner Mutter. Oh, das war eine Riesenfreude! Die arme, arme Mutti! Wie hatte sie das nur geschafft. Damit hätte ich niemals gerechnet. Mir kamen die Tränen.

20:00 Uhr wurde zentral das Licht gelöscht. Vormittags klingelte es im Haus zweimal, das hieß fertigmachen zur Freistunde, Hofgang. Zwanzig Minuten durften wir uns in einem winzigen Hof aufhalten. Sechs längliche Zellen im Freien waren das. Sie waren mit hohen Steinmauern umgeben und teilweise überdacht, ein kleines Stück vom blauen Himmel konnte man sehen. Aber frische Luft für 20 Minuten! Über dem „Freihof", wie sie es nannten, war ein Wachturm, wo man genau beobachtet wurde, meistens von zwei Wärtern. Wir waren restlos abgeschlossen von der Umwelt, niemals kam man mit anderen zusammen. Annika und ich nutzten die 20 Minuten, um Gymnastik zu machen, ich rannte noch zusätzlich etliche Runden in dem kleinen schmalen Gang, da kam ich mir vor wie ein armer Löwe im Käfig.

Die Luft tat uns gut, da es oben in der Zelle wenig frische Luft gab. An Sonn- und Feiertagen fiel die Freistunde aus, das waren dann die schlimmsten und längsten Tage für uns in dem MfS. Manche Tage vergingen wie Wochen. Wir hatten kaum Abwechslung. Jeden Tag putzten wir die Toilette, das Waschbecken und außer ein paar roten politischen Büchern gab es nichts. An weiblichem Personal gab es nur drei Personen im gesamten Gefängnis. Von Annika lernte ich die Wörter wie z.B. Rfler = Republikflüchtling; zweihundertdreizehn = politischer Häftling (entstand aus § 213). Am zweiten Tag meiner Verhaftung wurde ich geholt, diesmal ging es ganz nach oben vom Gebäude, auf den Dachboden. Dort war es spannend, ich bekam schwarze Farbe auf meine Finger! Klar, Fingerabdrücke. Auf einem Drehhocker verschiedene Fotos, für die Verbrecherkartei. Ich kam mir entsetzlich vor, man kann es nicht beschreiben, wie man sich als anständiger Mensch dabei fühlt.

Das Essen bestand aus Mehl und Fett. Mein Vater steckte in eine winzige Tüte heimlich Peperoni, kleine Zwiebeln und Knoblauch in das Obst, was mir meine Eltern alle drei Wochen zum Sprechbesuch mitbringen durften. Damit verfeinerten wir uns das Sonntagsessen. Einmal zerbrach Annika der Plastiklöffel, mit dem sie das zähe Stück Fleisch zerteilen wollte, ansonsten aßen wir das Fleisch mit den Fingern. Am Anfang fiel mir das alles sehr schwer, doch bald gewöhnte ich mich an einiges, mir blieb auch nichts anderes übrig.

Leipzig, den 25.7.1980

A k t e n v e r m e r k
==

Vg. Jauch, Anke

Betrifft:schreiben an RA Dr. Vogel

Die Jauch wurde durch Unterzeichner davon in Kenntnis gesetzt,
daß es zur Zeit nicht möglich ist, daß sie im Namen ihres Ehemannes einen RA mit seiner Verteidigung beauftragen kann, weil
sich ihr Ehemann zur Zeit noch bei den SO der VRB in Haft befindet und durch das U-Organ noch kein EV eingeleitet werden
konnte. Sie wurde weiterhin davon in Kenntnis gesetzt , daß sie
in ihrem Namen einen Verteidiger beauftragen bzw. warten kann,
bis eine Übereinkunft mit ihrem Mann zustande gekommen ist. Sie
entschied sich in ihrem eigenen Namen an den RA Dr. Vogel zu
schreiben.

 JIW.

48

Lpz. An 514/81

BV für Staatssicherheit   Leipzig, 15. August 1980
Abteilung IX   IX/1/pü-wa 2607   /80

BV für Staatssicherheit   FILT
KD Leipzig-Stadt

L e i p z i g   Haftsache

Untersuchungsvorgang JAUCH, Anke

Gegen die   BStU
                                     090073

J A U C H , Anke
geb. am 2. 2. 1959 in Leipzig
Beruf: Kosmetikerin
Arbeitsstelle: Haus "Exklusiv" in 7010 Leipzig,
              Petersstraße 48
wh.: 7030 Leipzig,

wurde von seitens unserer Diensteinheit am 17. 7. 1980 wegen
Verdacht der rechtswidrigen Nichtrückkehr in die DDR ein Er-
mittlungsverfahren mit Haft eingeleitet.
Wir bitten um Durchführung folgender Maßnahmen:

1. Vorbereitung der Kollektivaussprache auf der Arbeitsstelle
   der Beschuldigten. Der Termin der Aussprache soll bis zum
   29. August 1980 anberaumt werden.
   An der Aussprache sollen sich die Mitglieder des unmittel-
   baren Arbeitskollektives der Beschuldigten sowie ein Vertreter der staatlichen Leitung beteiligen.

2. Übersendung eines Informationsbedarfes zum Arbeitsbereich
   der Beschuldigten.

                          Leiter der Abteilung

                          Oberstleutnant

BV für Staatssicherheit   Leipzig, 12. August 1980
Abteilung IX   IX/1/ri-wa 2580 /80

Ministerium für Staatssicherheit
Hauptabteilung IX/10
Gen. Dähne

B e r l i n

Untersuchungsvorgang JAUCH, Anke

In der Anlage übersenden wir Ihnen zur Weiterleitung an die Sicherheitsorgane der VR Bulgarien

               44,90 Lewa

zur Begleichung der ausstehenden Schulden des JAUCH, Matthias.

               Leiter der Abteilung

Anlagen

               Oberstleutnant

Leipzig ___, den 19. 8. ___ 19 80

42 Au 574/87

BStU
090008

Haftbeschluß

Der/Die

Name   J a u c h   Vorname   Anke

Geburtstag und -ort   2. 2. 1959 in Leipzig

Berufliche Tätigkeit Kosmetikerin   Familienstand verheiratet

Wohnungsanschrift 7030 Leipzig,   ...

ist aus den unten angeführten Gründen in Haft zu nehmen.

Gegen die J. wurde am 17.7.80 wegen des dringenden
Gründe der Inhaftierung Tatverdachtes des ungesetzlichen Grenzübertritts ge-
(einschließlich gesetzliche Bestimmungen, rechtliche Einschätzung, Beweise, Voraussetzung für U-Haft gem. StPO)
mäß § 213 (2) (3) 5 (4) StGB ein Ermittlungsverfahren mit Haft einge-
leitet. Die J. plante, gemeinsam mit ihrem Ehemann, Jauch, Matthias,
ihre Urlaubsreise in die VR Bulgarien 1980 für einen ungesetzlichen
Grenzübertritt zu nutzen, um von der VR Bulgarien nach der SFRJ und
weiter über Österreich nach der BRD zu gelangen, wo sie ihren ständigen Wohnsitz nehmen wollten.
Am 1.7.80 reiste die Fam. J. in die VR Bulgarien und hielt sich bis
13.7.1980 auf dem Campingplatz "Akutino" auf. Am 14.7.1980 wollten
sie bei der Ortschaft Kalotina den ungesetzlichen Grenzübertritt nach
Jugoslawien durchführen. Bei einer Straßenkontrolle, beide befanden
sich zu Fuß auf der Europastr. 5, wurden sie gegen 18.00 Uhr am
gleichen Tag bei der Ortschaft Dragoma durch bulgarische Grenzsicherungskräfte festgenommen.

Der Mitarbeiter _____

Der Leiter der Abteilung/KKKKKKKKK _____   nt

Bestätigt 25.8.1980 _____   _____
                    Datum   Unterschrift

Festgenommen am   14. 7. 1980 _____

Festgenommen von   SO der VRB _____
                    Diensteinheit

Von anderen Organen übergeben   SO der VRB _____
                                        VP – NVA – befreundete Länder usw.

Bisher erfaßt im Vorgang _____
                                    Registriernummer

Form 301   807 1175 20.0

Ganz schlimm war auch, daß uns die Wärter beim Waschen zusahen, früh und abends sahen sie besonders lange und oft durch das Guckloch. So auch auf der Toilette. Einmal saß Annika drauf und die Tür wurde geöffnet, wir waren wie versteinert. Das mußte man sich alles gefallen lassen. Die Zeit in der UHA nutzte ich, um viel nachzudenken, ich erinnerte mich an meine Kindheit, zog mir einzelne Szenen oder Tage hervor, um darüber zu philosophieren, um mich besser selbst kennenzulernen und zu verstehen. Ich kramte Goethe-, Schiller- und Kästner- sowie selbstgefaßte Gedichte aus meinem Gedächtnis hervor, ließ deren Worte spielen. Selbst von einer Zukunft in Freiheit mit Matthias träumte ich in bunten Farben. Damit ließen sich die dunklen Tage der Kerkermauern verdrängen, ja , bereichern.

2-3 Mal die Woche wurde ich zu weiteren Vernehmungen geführt, aber oft vergingen die Wochen ohne jegliche Abwechslung.
An meine Eltern durfte ich einmal in der Woche, sonntags, schreiben. Dazu gab man uns ein Blatt Papier und einen Kuli, eine Seite durften wir nur beschreiben. So übte ich mich in der Mini-Handschrift, damit ich viel erzählen konnte und meine Eltern viel von mir erfuhren. Einmal in der Woche bekamen auch wir Post von den Eltern, auch nur eine Seite.

Wenn mir die Woche über etwas Wichtiges eingefallen war, um es ihnen zu schreiben, und ich es nicht vergessen wollte, bis zum Briefeschreiben, so habe ich mit einem abgebrannten Streichholz auf eine Alba-Zell-Binden-Tüte Notizen gemacht. Dieses winzige Stück Papier trug ich immer bei mir.

Alle vier Wochen durfte mich ein Elternteil für eine halbe Stunde unter Bewachung, meist war noch der Untersuchungsführer zugegen, besuchen. Sie durften eine bestimmte Menge Obst, Zigaretten oder Schokolade mitbringen. Alle 14 Tage konnten wir auf einen Zettel aufschreiben, was wir „kaufen" möchten – Trockenmilchpulver, Kekse, Obst, Kuchen, Wurst, usw. Das mußte man sich gut einteilen,

70

vieles gab es auch nicht immer. Die bestellten Dinge brachte man uns in einem kleinen Säckchen durch die Klappe an der Zellentür. Das war jedesmal ein Fest. Das Geld dafür haben die Eltern hinterlegt.

Meistens waren die Zigaretten alle und wir teilten uns noch die eine letzte. Es wurde nach zwei Zügen ein Streichholzstrich gemacht, bis auch die alle war.

Wir zählten die Tage, Wochen, Monate, dazu diente uns ein Gitterrost, was die Heizung abdeckte, es bestand aus unzähligen winzigen Löchern. Wir bastelten uns Blumen aus dem silbernen Zigarettenpapier und schmierten mit Zahncreme einen Kreis um ein Loch, was das Ende einer Woche kennzeichnete, dahinter steckten wir die Blume, Tag für Tag. Überhaupt wurden wir zu kleinen Künstlern, was das Basteln betraf, uns fielen ständig neue Dinge ein. Das Saubermachen der Zelle war die schönste und längste Arbeit für uns am Tag.

Wir sahen ja keinen Menschen, doch Kontakt hatten wir zum ganzen Haus! Wie das? Mit den Nachbarzellen unterhielten wir uns durch „klopfen" des Alphabets – jeder Buchstabe ein kurzes Klopfen, ein Doppelbuchstabe zweimal kurz klopfen, nach jedem Wort kurze Pause und am Ende des Satzes dreimal kurz. Wenn der Zellennachbar schon verstanden hatte, so klopfte er zweimal kurz. Wir erzählten uns so Romane, Dinge, die uns betrafen, Familie, wo und wie geflohen, warum verhaftet, wie lange, spannende Informationen. Am Anfang klopfte man zaghaft mit dem Mittelknochen des Zeigefingers, da war dann aber schnell nicht mehr viel von der Haut zu sehen, blau und blutverkrustet sahen bald alle zehn Finger aus. Aber das machte uns überhaupt nichts aus. Nur so, durch das Klopfen, erfuhren wir, viele interessante Neuigkeiten, so auch mit dem Rechtsanwalt Dr. Vogel aus Berlin, ganze Adressen, Lebensgeschichten, ja sogar geflirtet wurde da. Am besten klopfte man nachts, da war alles still, man konnte alles gut verstehen, auch wenn beide in der Zelle mit dem jeweiligen Zellennachbarn klopfte. Durch die Heizungsrohre wurde nach oben geklopft und durch das Toilettenrohr nach unten. Wenn es nicht so ernst gewesen wäre, ist es voll lustig, was man aus nichts machen konnte. Es kam der 7. Oktober, Tag der Republik, großer Feiertag in der DDR. Zum Mittag gab es für jeden 2! Stück Kuchen. Eigentlich wollte ich ihn nicht essen – so diesen Feiertag, der für mich keiner war, zu begehen. Aber ich hatte so lange keinen Kuchen mehr gesehen, geschmeckt.

Vernehmungsprotokoll
der Beschuldigten

J A U C H , Anke
geb. am 2. 2. 1957 in Leipzig
Beruf: Kosmetikerin
zuletzt: Kosmetikerin im Haus "Exklusiv", 7010
           Leipzig, Petersstraße 48
wohnhaft: 7030 Leipzig,   ~~~raße 129

Frage: Wann faßten Sie und Ihr Ehemann den Entschluß zum ungesetzlichen Verlassen der DDR nach der BRD?

Antwort: Den Entschluß zum ungesetzlichen Verlassen
der DDR nach der BRD faßte ich gemeinsam mit meinem Ehemann etwa
Mitte Juni 1980 in der Wohnung meines Ehemannes in Leipzig.

Frage: Unter welchen Umständen entschlossen Sie sich
mit Ihrem Ehemann zum ungesetzlichen Grenzübertritt?

Antwort: Etwa seit 1975 beschäftige ich mich gedanklich mehr oder weniger mit einer ständigen Wohnsitznahme in der
BRD. Konkreter mit einer ständigen Wohnsitznahme in der BRD befasse
ich mich etwa seit Ende 1979/80. Dies kam dadurch zustande, daß
sich bei mir eine gewisse Unzufriedenheit über die gesellschaft-
liche Entwicklung in der DDR herausbildete. Insbesondere war ich
mit dem Angebot an Konsumgütern unzufrieden, weil ich in der DDR
nicht kaufen konnte, was ich wollte, da einfach kein Angebot vor-
handen war. Außerdem bildete sich bei mir eine gewisse Unzufriedenheit über die Reisemöglichkeiten heraus, da ich als DDR-Bürger in
der Regel nur in das sozialistische Ausland reisen darf.

4

Wir strebten auch deswegen eine Wohnsitznahme in der BRD an,
weil mir und meinem Ehemann durch eine Sendung im Fernsehen
der BRD, wozu mir jedoch nichts konkretes erinnerlich ist, bekannt wurde, daß ein Wehrpflichtiger in der BRD seine Wehrpflicht
mit der Waffe in der Hand verweigern kann, jedoch dafür seine
Wehrdienstzeit als Pfleger in Krankenhäusern ableisten muß.
Diese von mir genannten Umstände ließen mich letztendlich gemeinsam mit meinem Ehemann auf dessen Vorschlag den Entschluß zum ungesetzlichen Verlassen der DDR Mitte Juni 1980 fassen.

Frage: Was unternahmen Sie von 1975 bis Mitte Juni
1980, um nach der BRD zu gelangen?

Antwort: Von 1975 bis Mitte Juni 1980 unternahm ich in
keiner Weise etwas, um nach der BRD zu gelangen, weil ich anfangs
keine Vorstellungen hatte, wie ich eine ständige Wohnsitznahme in
der BRD realisieren könnte.
Erst während der Gespräche mit meinem Ehemann über eine ständige
Wohnsitznahme in der BRD, die seit Ende 1979/Anfang 1980 stattfan-
den, äußerte ich mehrmals, daß wir einen Antrag auf Übersiedlung
nach der BRD stellen könnten, um nach der BRD zu gelangen. Die
einzelnen Zeitpunkte sind mir dazu nicht mehr erinnerlich.
Mein Ehemann lehnte jedoch jedesmal diesen von mir gemachten Vorschlag grundsätzlich ab. Er begründete seine Ablehnung damit, daß
es von der Antragstellung einer Übersiedlung nach der BRD bis zur
Genehmigung einer solchen Übersiedlung ein langwieriger Prozeß wäre
und wir außerdem nicht wüßten, ob wir eine derartige Genehmigung
erhalten würden. Des weiteren begründete er dies damit, daß ich die
Zeit der Antragstellung bis zur Genehmigung nicht nervlich ver-
kraften würde, da mir seiner Auffassung nach in meinem Betrieb
Fragen dazu gestellt werden könnten und man mich bestimmt zu über-
reden versuchen würde, diesen Antrag zurückzuziehen. Außerdem begründete mein Ehemann seine Ablehnung einer Antragstellung damit,
daß die von mir in der heutigen Vernehmung genannten Probleme und
Umstände nicht ausreichen würden, um eine Genehmigung zur Übersiedlung nach der BRD zu erhalten, da ihm bekannt ist, daß hauptsächlich DDR-Bürger eine Genehmigung durch die zuständigen staatlichen
Organe der DDR erhalten, die einen Ausreiseantrag aufgrund einer
Familienzusammenführung stellen.

Deutsche Demokratische Republik
Außenstelle Leipzig

KOPIE
aus Akte Leipzig AK 51418,

Leipzig, 27. August 1980
Beginn: 8.45 / 13.45 Uhr
Ende: 12.00/ 15.45 Uhr
4 Exemplare/2. Ausfertigung
wa.

Vernehmungsprotokoll
der Beschuldigten

J A U C H , Anke
geb. am 2. 2. 1959 in Leipzig
Beruf: Kosmetikerin
zuletzt: Kosmetikerin in Haus "Exklusiv" 7010 Leip-
         zig, Petersstraße 48
wohnhaft: 7030 Leipzig,

Frage: Welche weiteren Vorbereitungen trafen Sie und
Ihr Ehemann für Ihr geplantes Vorhaben des ungesetzlichen Grenzübertrittes?

Antwort: In Vorbereitung unseres gemeinsamen Vorhabens
des ungesetzlichen Grenzübertrittes schrieb ich am 30. 6. 1980
am Abend in der Wohnung meines Ehemannes in Leipzig einen Abschiedsbrief an unsere Eltern, den ich auch in dieser Wohnung auf
dem Tisch hinterlegte.
Ich schrieb diesen Brief in der Absicht, daß sich unsere Eltern
keine Sorgen machen sollten, wenn wir am Ende unserer Urlaubsreise nicht nach Leipzig zurückkehren. Außerdem wollte ich meinen
Eltern und den Eltern meines Ehemannes durch den Inhalt des Briefes mitteilen, daß wir nicht in die DDR zurückkehren werden und
in die BRD gelangen wollen. Ich nahm an, daß unsere Eltern dies anhand des Briefes schlußfolgern würden. Unseren Eltern ist jedoch
nicht bekannt, daß wir eine ständige Wohnsitznahme in der BRD an-
streben und sie haben auch keine Kenntnis von unserem Vorhaben des
ungesetzlichen Grenzübertrittes.
Meinem Ehemann las ich diesen Brief noch am gleichen Abend vor.
Er war jedoch gegen diesen Brief, begründete seine diesbezügliche

2

Ablehnung aber nicht.

Die Ablehnung meines Mannes hinderte mich jedoch nicht, den Brief
zu hinterlegen, da ich auf alle Fälle unseren Eltern eine Nachricht
zukommen lassen wollte.
Weitere Vorbereitungen zum ungesetzlichen Grenzübertritt trafen wir
nicht.

Frage: Ihnen wird ein handschriftlich abgefaßter Brief
datiert von 30. 6. 1980, vorgelegt, welcher bei der Durchsuchung
der Wohnung Ihres Ehemannes am 18. 7. 1980 vom Untersuchungsorgan
beschlagnahmt wurde.
Kennen Sie diesen Brief?

Antwort: Ja, dieser Brief ist mir bekannt. Ich schrieb
diesen Brief, wie ich in der heutigen Vernehmung bereits aussagte,
als Abschiedsbrief am 30. 6. 1980 in der Wohnung meines Mannes.

Frage: Welche Gespräche führten Sie gemeinsam mit Ihrem
Ehemann in der VR Bulgarien über einen ungesetzlichen Grenzübertritt?

Antwort: Während unseres Aufenthaltes in der VR Bulgarien von 1. 7. 1980 bis zum 13. 7. 1980, wo wir uns am Schwarzen
Meer und in Sofia aufhielten, unterhielten wir uns sehr wenig über
unser Vorhaben des ungesetzlichen Grenzübertrittes, weil wir erst
einen richtigen Urlaub verleben wollten. Wir unterhielten uns etwa
in der Art, daß wir vielleicht in 2 oder 3 Wochen in der BRD sind.
Konkreter darüber wurde nichts gesprochen.
Erst am 13. 7. 1980 bei unserem Aufenthalt auf dem Zeltplatz
"Vranja" bei Sofia kam es zu konkreten Gesprächen über unser Vor-
habendes ungesetzlichen Grenzübertrittes. Wir hielten uns mehrere
Tage in Sofia auf, weil wir, da wir ja in der VR Bulgarien waren,
auch die Hauptstadt dieses Landes kennenlernen wollten. Etwa gegen
Mittag des 13. 7.1980 sagte mir mein Ehemann, daß es so langsam
Zeit wird, daß wir in Beziehung der Realisierung unseres Vorhabens
des ungesetzlichen Grenzübertrittes etwas unternehmen müßten, da
die Dauer unseres Aufenthaltes in der VR Bulgarien nur noch auf etwa 1 Woche begrenzt ist.

Eines Tages, in der dritten Woche, ging die Klappe auf und man sagte: „Zwei, zum Vernehmer!" Ich freute mich auf die blödsinnigste Abwechslung und hoffte inständig, etwas über Matthias zu erfahren. Blondi, mein Vernehmer, begann harmlos, doch dann lächelte er zynisch und sagte: „daß Sie mir glauben, das nun auch ihr Mann da ist, zeige ich Ihnen ausnahmsweise ein Foto von ihm." Dafür könnte ich die Bulgaren und die Vernehmer und alle Stasimitarbeiter noch heute an die Wand stellen! Oh nein, mein Matthias, mein geliebter Mann, den ich mit herrlichen gepflegten langen Haaren und Bart kennengelernt habe, wie sah er erbärmlich aus. Die Bulgaren rasierten ihm den Kopf, er war abgemagert, dünn, elend sah er aus. Ich wußte nicht, ob ich mich freuen sollte oder heulen. Dem Vernehmer hat es sicher eine Genugtuung eingebracht und mir den Schock meines Lebens. Ich mußte mich schnell wieder fassen, war ich nun auch froh, ihn hier in meiner Nähe zu wissen. Wir liegen vielleicht zwei Türen voneinander entfernt und durften uns nicht sehen, sprechen, berühren. Aber er war da, er lebt und wir schaffen das. Ein „Sprecher" mit Matthias wurde erst genehmigt, wenn alle Vernehmungen zu Ende sind und die Anklageschrift bereitlag zum Prozeß.

Bis dahin vergingen noch Wochen. Mein Vernehmer versuchte, mit sämtlichen Mitteln gegen mich zu arbeiten, mit den schmutzigsten Taktiken. So zum Beispiel erzählte er mir, daß er auch eine Frau und zwei Kinder hat, weil ich sagte: „Hier in diesem Staat ist es nicht möglich, auf einem normalen Lebensniveau ein ganzes Leben aufzubauen." Die Kinder, die kleinsten wurden mit einem Jahr in die Krippen geschafft, die Frau arbeitete, meist im Schichtdienst, wie soll man da glücklich werden, wenn das Kind vom Staat erzogen wird und nicht von den Eltern. Was, wenn ein Kind Abitur und Studium absolvieren will? Geht nicht, vorher muß man in die SED eintreten. Zweites Beispiel: Es waren drei Wochen über der Zeit, ich wälzte mich mit dem Gedanken, schwanger sein zu können. Ich teilte meine Bedenken meinem Vernehmer mit um einen Arztbesuch zu vereinbaren. Das ging auch nur über ihn. Doch ich sagte ihm ausdrücklich, daß das mein Mann nicht erfahren soll, diese ersten Sorgen wollte ich ihm ersparen.

Er versprach es mir fest. Doch er hat gelogen, er nutzte diese Gelegenheit gemein aus und erzählte Matthias, daß ich wahrscheinlich ein Kind bekomme. Er wollte ihn massiv unter Druck setzen, denn wenn ich schwanger gewesen wäre, wäre ich da rausgekommen und er appellierte an Matthias, sich alles nochmals zu überlegen und dann bei mir im Osten zu bleiben. Meine Güte, was muß er sich für Sorgen gemacht haben. Aber das erfuhr ich erst viel, viel später.

Ende August war der Termin beim Gynäkologen. Ich wurde von meiner Zelle in den Transporter, abgeteilt in vier Käfige, geführt. Das Gefängniskrankenhaus Meusdorf war ca. eine halbe Autostunde entfernt. Mit zittrigen Knien und Herzklopfen saß ich zusammengesunken in dem Käfig. Vor dem Gefängniskrankenhaus standen schon drei Frauen in Uniform bereit, die mich empfingen. Sie schickten mich in eine große Krankenzelle mit Gittern. Klatsch, machte es und die Tür war verriegelt. Ich war einem Zusammenbruch nahe, diese Zelle war grauenhaft, ich hatte panische Angst. Vor dem Gitter befanden sich ein Schemel und ein Waschbecken, hinter dem Gitter ein häßliches schmales Krankenbett, weiße Kalkwände und sonst nichts, das Fenster bestand aus drei Reihen Glasbausteinen. Dieser gesamte Eindruck war erschütternd und unerträglich. Mir rannen die Tränen, aus Angst und Mitleid für die, die hier liegen müssen.

Endlich öffnete sich die eiserne Tür, man führte mich zu dem behandelnden Arzt. Nach der kurzen Untersuchung brachte ich keinen Ton hervor. Ich konnte nur nicken, als er mir sagte, alles sei in Ordnung, eine Schwangerschaft ausgeschlossen.

Auf der Fahrt ins Gefängnis zurück wurde ich langsam wieder ruhiger. In der Zelle angekommen berichtete ich Annika meine Erlebnisse, dann heulte ich nur noch, auch sie konnte mich nicht beruhigen. Nach zwei Stunden ließ ich mir eine Beruhigungstablette geben. Ich war fix und alle. Irgendwann schlief ich ein und träumte Schreckliches.

Alle 14 Tage bekamen wir ein Buch durch die Klappe geschoben. Meist waren es Kriegsbücher. Diese Bücher gingen von Zelle zu Zelle. Wenn wir ein neues Buch bekamen, blätterten wir Seite für Seite durch, um zu schauen, ob irgendein Zeichen oder ein Wort unterstrichen war, das ein Hinweis auf unsere Männer oder die Verwandtschaft geben könnte. Einmal habe ich unter einem Absatz „Matthias" eingeritzt, in der Hoffnung, er bekommt dieses Buch mit seinem Namen von mir. Wir gaben die Bücher ab. Am nächsten Tag flog die Tür auf. „Nr. 2, haben Sie in das Buch den Namen eingeritzt?" Also, sie kontrollierten auch alle Seiten der Bücher durch. Wenn ich es nicht zugegeben hätte, hätten wir keine Bücher mehr bekommen.

Leipzig, den 1. 9. 1980
Beginn: 17.00 Uhr
Ende: 17.45 Uhr
2 Exemplare ... Ausf./Hu

Vernehmungsprotokoll

der Beschuldigten

J a u c h ,   Anke
geb. am/in: 2. 2. 1959/Leipzig
Beruf: Kosmetikerin
zuletzt: Kosmetikerin im Haus "Exklusiv"
Leipzig,
7010 Leipzig, Petersstr. 48
wohnhaft: 7030 Leipzig,

Frage: Ihnen wird am heutigen Tage mitgeteilt, daß das gegen Sie am 17. 7. 1980 eingeleitete Ermittlungsverfahren zum Abschluß gelangt. Sie erhalten nochmals die Möglichkeit, sich mit den Beweismitteln vertraut zu machen. Des weiteren werden Sie nochmals gemäß § 61 und 91 StPO über Ihre Rechte im Rahmen des Ermittlungsverfahrens belehrt. Äußern Sie sich dazu!
Antwort: Mir wurden die Beweismittel, welche mir bereits in Vernehmungen vorgelegt wurden, heute nochmals zur Kenntnis gebracht. Als Sachbeweise wurden mir vorgelegt:

1. 1 Autokarte der VR Bulgarien
2. 1 Brief vom 30. 6. 1980
3. 2 Reiseanlagen für den visafreien Reiseverkehr Nr. WZ 0701048 und WZ 0701846
4. 2 Flugscheine, Nr. 4508109 und 4508100

5. 2 Erklärungen über mitgeführte Zahlungsmittel
6. 2 statistische Zählkarten
7. 1 Umtauschbescheinigung vom 30. 6. 1980
8. 1 Zugfahrkarte, Nr. 4487

Des weiteren wurde ich nochmals über meine Rechte im Rahmen des Ermittlungsverfahrens gemäß § 61 und 91 StPO belehrt. Beweisanträge habe ich zur Zeit nicht zu stellen.

Ich habe das Vernehmungsprotokoll gelesen. Die darin enthaltenen Antworten entsprechen inhaltlich meinen Aussagen.

Anke J a u c h

Untersuchungsführer

Oberfeldwebel

Inhaltsverzeichnis

Lfd. Nr.	Inhaltsangabe	Datum	Blatt der Akte
1	Verfügung	17.7.80	1
2	Einlieferungsanzeige	17.7.80	2
3	Antrag auf Haftbefehl	18.7.80	3
4	Haftbefehl	18.7.80	4
5	Richterliche Vernehmung	18.7.80	5
6	Befund über Haftfähigkeit	18.7.80	6
7	Vollzug der Untersuchungshaft	21.7.80	7
8	Körperdurchsuchungsprotokoll	17.7.80	8-9
9	Anordnung zur Durchsuchung und Beschlagnahme	18.7.80	1o
1o	Durchsuchungs-und Beschlagnahmeprotokoll	18.7.80	11-12
11	Herausgabeprotokoll	23.7.80	13
12	Besichtigungsprotokoll/Verfügung	4.9.8o	14-16
13	Übergabeprotokoll	23.7.80	17
14	Beschuldigtenvernehmung	17.7.80	18-28
15	Belehrung/Erklärung	18.7.80	29-3o
16	Beschuldigtenvernehmung	1.9.80	31-35
17	Beurteilung	31.7.80	36-37
18	Stellungnahme der Beschuldigten Jauch,Anke	1.9.80	38
19	Beschuldigtenvernehmung	22.8.80	39-45
2o	Beschuldigtenvernehmung	27.8.80	46-52
21	Beschuldigtenvernehmung	1.9.80	53-54
22	Beschuldigtenvernehmung	1.9.80	55-56

Die Akte umfaßt 56 Blatt und wurde
durch Oberfeldwebel
legt.

Drei Monate waren vergangen, dann legte man mir die Anklageschrift vor zum Lesen und unterzeichnen. Es war alles verdreht und gewendet, nach ihrer Fasson. Damit hatte ich mich abgefunden, es war der letzte Schritt zum Ziel, um frei leben zu können. Ein paar Tage später durfte ich Matthias sehen und sprechen. Es hatte sich durch das Klopfen herumgesprochen, daß man den Ehepartner erst sieht, wenn die Anklageschrift fertiggestellt war. Nun wartete ich Tag um Tag, Stunde um Stunde damit ich ihn endlich zu sehen bekam.

Der Untersuchungsführer fragte mich schon vor langer Zeit, ob ich Kaffee trinke (ich wußte schon gar nicht mehr, wie Kaffeeduft riecht), so bejahte ich und er sagte: „Na, Frau Jauch, wenn Sie Sprecher mit Ihrem Mann haben, bekommen Sie eine Tasse Kaffee!" An einem Dienstag, nach dem Mittagessen, war es dann so weit. „Zwei, raus!" Die Gänge und Treppen immer an der Wand lang nach unten. Dann ging eine Tür auf und ich sah meinen geliebten Mann nach drei ereignisreichen Monaten wieder. Wir fielen uns kurz um den Hals – jede Berührung war verboten. Wir lächelten uns an, obwohl uns die Tränen in den Augen standen. Zwei Vernehmer saßen zwischen uns, Handhalten war verboten. Wenn ich zu Matthias flüsterte, wurde ich sofort ermahnt – laut und deutlich sprechen, sonst würde der Sprecher sofort beendet. Durch andere erfuhr ich, daß es normal war, daß ein Vernehmer bei dem Ehepartnersprecher dabei war, bei uns eben zwei. Die Gründe kennen wir nicht. Den versprochenen Kaffee gab es selbstverständlich nicht. Die Zeit verging viel zu schnell und uns so tief bewegende Fragen mußten offenbleiben. Wann sehen wir uns wieder? Wo? Wir sagten uns, laut und deutlich, daß es die beiden Vernehmer hören konnten: Wir halten durch, wir bleiben zusammen, was auch kommen mag, wir kämpfen um jeden Preis, unser Weg ist der richtige, wir lassen uns nicht unterkriegen, wir halten fest an unserem Ziel, bleib gesund. Dann flüsterte ich ihm doch noch ins Ohr, beim Verabschieden: „Wenn wir frei sind, will ich ein Kind." Der Abschied fiel uns schwer, doch die Vernehmer waren brutal wie immer, Tür auf – Tür zu – Ende!

Als ich wieder in meiner Zelle war, überkam mich ein richtig zufriedenes Glücksgefühl, was ich lange nicht mehr hatte. Wir blieben fest in unserem gemeinsamen Standpunkt. Keine Stasi konnte uns trennen, wir liebten uns und wir litten gemeinsam, das tat gut zu wissen, diese innere Kraft brauchten wir nun, um den Rest gesund zu überstehen. Aber nicht nur das eine Jahr, es gab uns Zusammenhalt bis zum Ende unseres gemeinsamen Lebens.

Der Prozeß

Am 14. Oktober um 10:00 Uhr war unser Prozeß angesetzt. Ich war ziemlich aufgeregt. Wie geht so was von statten? Ich vor Gericht, als Angeklagte! Matthias wieder zu sehen und nicht sprechen zu dürfen, meine Eltern, meine Schwester, den Pfarrer zu sehen und natürlich der ganze Prozeß. Wie macht man Unschuldigen den Prozeß? Was werfen sie einem vor? Daß man sein eigenes Leben leben will? Dafür werden wir verurteilt? Welch ein Hohn, welch schreiende Ungerechtigkeit.

Am Morgen dieses Tages wusch ich mir mit Seife die Haare, zog meine Jeans an und einen süßen grauen Wollpullover von Matthias, den ich auf unserer Flucht anhatte. Ich lief die zwölf Schritte meiner Zelle auf und ab, bis der Schlüssel im Schloß knackte. Zu meinem großen Erstaunen stieg ich in einen kleinen Bus ein, der ganz normal war, das heißt, ich konnte mir ganz bewußt mein Leipzig noch einmal anschauen auf der Fahrt zum Gericht. Kurz nachdem ich eingestiegen war und brav meine Hände auf den Schoß gelegt hatte, wie befohlen, stieg Matthias ein, er mußte sich hinter mich setzen und mit Entsetzen stellte ich fest, daß er klirrende schwere Handschellen, die mit einer Decke verdeckt wurden, trug. Wir bogen in die Straße, wo sich das Stadtbezirksgericht West befand. Meine Augen waren voller Tränen, als ich meine Mutter, meinen Vater und meine Schwester sah! Sie schauten so traurig, daß es mir fast das Herz brach. Doch ich lächelte sie tapfer an, wollte ihnen damit zeigen, daß es mir gut ging, ihnen Hoffnung und Mut geben. Wir stiegen aus, von drei Uniformierten festgehalten. Matthias wurden noch im Auto die Handschellen abgenommen, dafür bekam er um ein Handgelenk eine Knebelkette. Oben im Gerichtssaal sahen wir auch unseren Pfarrer, von dem wir glaubten, daß er uns helfen würde und könnte. Er, meine Eltern, meine Schwester, von einer Cousine der Mann und der Meister aus der Abteilung von Miltitz saßen auf den Stühlen. Ich lächelte, so oft ich konnte, meine Eltern an. Dann kam unser Rechtsanwalt, Unterverhändler, der für Leipzig zuständig war und den wir kurz vor der Verhandlung kennenlernten, der uns beruhigte und wußte, wie unser Weg zum Ziel führen sollte, Herr Jarosch. Leise und kurz vor der Verhandlung besprachen wir mit ihm einiges, was uns am Herzen lag. Ich war so verzweifelt, daß das jetzt alles seine richtige Wendung nimmt und sagte ihm nochmals eindeutig, daß wir in die BRD wollen: „Bitte helfen Sie uns!" Da machte er nur eine Handbewegung und sagte zu mir: „Kindchen, ich weiß doch genau, was ihr wollt, bleibt ganz ruhig, alles wird gut."

Diese klaren Worte klangen nun die gesamten 1,5 Stunden im Gerichtssaal in meinen Ohren und ich war somit voller Zuversicht und Hoffnung. Man stand auf, das „Hohe Gericht" trat ein. Welch Hohn, ein Richter, der unser Recht auf Freiheit nicht vertritt, er richtet nach dem Gesetz, was doch nicht der Wahrheit entspricht. Eigentlich dachten wir, wir müßten Richter sein, und die Staatsanwältin, Richter, alles Stasimitarbeiter, die müßten wir verurteilen. Das wäre Gesetz, das wäre die Wahrheit. Ich zweifelte an der Ordnung dieser Welt! Jedes Wort aus dem Mund des Richters war eine Lüge, von einem Lügenstaat hausgemacht. Der Prozeß gegen Anke Jauch und Matthias Jauch war eröffnet und man teilte nun mit, daß alle Anwesenden den Gerichtssaal sofort verlassen sollten, denn diese Verhandlung sei unter Ausschluß der Öffentlichkeit. Sie versuchten Widerspruch zu erheben – keine Chance!

Nun wurde es still, die Anklageschrift wurde verlesen. Nacheinander mußten wir aufstehen, um kurz Daten zu unserem Lebenslauf zu geben. Es folgten viele Fragen, worauf wir stets die passenden Antworten hatten. Nach 1,5 Stunden, dem Schlußwort mit dem nochmaligen klaren Ausdruck, daß wir in die BRD wollen, war der Prozeß beendet. Man teilte uns noch den Tag sowie die Uhrzeit der Urteilsverkündung mit.

Als wir nach draußen geführt wurden, sah ich noch mal meine geliebte Familie, so traurig. Ich nickte und lächelte, gab mein Bestes und dann sah ich im Vorbeigehen, daß auch sie versuchten zu lächeln, das tat gut! Einen Tag später um 13:00 Uhr war die Urteilsverkündung „Im Namen des Volkes". Noch einmal die Möglichkeit Matthias nahe zu sein, wie würde das Urteil ausfallen?

- 4 - Lpt. Au 574/81

000108

1. Eigene Einlassungen des Beschuldigten
   J a u c h , Matthias
   Bl. 15 - 22 d.A. Band I

2. Eigene Einlassungen der Beschuldigten
   J a u c h , Anke
   Bl. 18 - 28 d.A. Band II

3. 1 Brief der Beschuldigten J a u c h , Anke
   vom 30.6.1980, 1 Autokarte der VR Bulgarien,
   2 Reiseanlagen, 2 Erklärungen über mitgeführte Zahlungsmittel, 2 Flugscheine, 2
   statistische Zählkarten, 1 Umtauschbescheinigung, 1 Zugfahrkarte
   - Anlage -

wird beantragt,

1. das Hauptverfahren vor der Strafkammer des
   Kreisgerichtes Leipzig -Stadtbezirk West- zu
   eröffnen,

2. Termin zur Hauptverhandlung anzuberaumen,

3. Haftfortdauer für beide Beschuldigte aus den
   Gründen der Haftbefehle zu beschließen,

4. den auf Bl. 42 d.A. Band I benannten Kollektivvertreter zum Termin zu laden.

I. A.

Staatsanwalt

Kenntnis genommen 08.10.80

7x/Fr.   **Ausfertigung**

Kreisgericht Leipzig
- Stadtbezirk West -

Az.: 1139 S 158/80
221-466/80-1

U R T E I L

IM NAMEN DES VOLKES !

In der Strafsache

gegen 1.   J a u c h
                       .n Leipzig
                       Apostelstraße 24
        in Untersuchungshaft seit 14.7.1980

      2. die Kosmetikerin Anke J a u c h , geb. Zaremba
         geb. am 2. Februar 1959 in Leipzig
         wohnh.: 7030 Leipzig,
         in Untersuchungshaft seit 14.7.1980

wegen Vergehens gemäß § 213 StGB

hat die Strafkammer des Kreisgerichtes Leipzig, Stadtbezirk West,
in der Hauptverhandlung vom 14. und 15. Oktober 1980, an der teil-
genommen haben

                    Frau   .es
                    als Vorsitzende

                    Leiter der Pressestelle
                    als Schöffen

                    Frau Staatsanwalt
                    als Vertreter der Staatsanwaltschaft

                    Herr Rechtsanwalt
                    als Verteidiger der beiden Angeklagten

                    Just.-Angest.
                    als Protokollführer

für Recht erkannt:

   1.) Die Angeklagten Anke und Matthias J a u c h
       werden wegen versuchten ungesetzlichen Grenz-
       übertritts im schweren Fall gemäß § 213, Absatz
       2 und 3, Ziffer 5, Abs. 4 StGB zu einer
       F r e i h e i t s s t r a f e von je

            1 -einem- Jahr und 6. -sechs- Monaten

       verurteilt.

   2.) Gemäß § 56 StGB werden e i n g e z o g e n:
       ein Brief vom 30.6.1980, zwei Reiseanlagen,
       zwei Erklärungen über Zahlungsmittel, zwei
       Flugscheine, zwei Zählkarten, eine Umtausch-
       bescheinigung vom 30.6.1980 und eine Zugfahr-
       karte.

   3.) Die Angeklagten haben als Gesamtschuldner die
       Auslagen des Verfahrens zu tragen.

Der Untersuchungsführer sagte mir damals am 1. Tag beim Nachtverhör, zwischen einem Jahr und zehn Jahren kann das Urteil ausfallen, da es bei uns „im schweren Fall" war, wir zu zweit fliehen wollten. Durch das Klopfen mit anderen wurde ich ruhiger, denn 8, 9 oder 10 Jahre, das war unvorstellbar, erfuhr ich aber, daß es zwischen 1 Jahr und 10 Monate oder 2 Jahren ausgehen könnte. Ich grübelte die ganze Nacht vor der Urteilsverkündung nach.

Das Urteil

12:00 Uhr krachte meine Zellentür, jetzt sage ich schon „meine Zellentür", na, diese Zellentür, auf und ich wurde nach unten geführt in die Extrazelle, dort gab man mir das Mittagessen. Diesmal fuhren wir wieder mit den Käfigboxen und ich sah Matthias noch nicht. Rechtsanwalt Jarosch kam nicht zur Urteilsverkündung, was er uns aber schon vorher mitteilte.

Meine lieben Eltern hatten sich wieder von der Arbeit freigenommen, was sicher sehr schwierig war, nur, um uns noch einmal zu sehen.

Das Urteil: Die Staatsanwältin beantragte 1 Jahr und 10 Monate, unser Rechtsanwalt hatte 1 Jahr und 4 Monate gefordert – so kamen 1 Jahr und 6 Monate zu stande.

In der Beethovenstraße wieder angekommen mußte ich, obwohl es strengstens verboten war, Matthias noch ein letztes Mal umarmen. Zellentür auf – zu. Zu Annika sagte ich nur: „1 Jahr und 6 Monate", und wir fielen uns um den Hals. Das war nun also auch überstanden. Nun mußte ich sehen, wie es weiter geht, ich ahnte noch nicht, daß nach der bulgarischen Haft noch schlimmere Erlebnisse auf mich warteten.

Noch am gleichen Tag meiner Urteilsverkündung wurden wir in die oberste Etage verlegt. Als die neue Zellentür aufging, standen wir mit großen Augen in einem Puppenstübchen, so winzig war dort alles. Das erste, was wir taten, war klopfen, um zu erfahren, wer neben uns liegt. So erfuhr ich, daß Matthias nur drei Zellen von mir entfernt lag. Das war ein Gefühl, wir versuchten nun durch vier Wände zu klopfen, d.h. jeder nebenan mußte bereit sein, meine Klopfwörter weiterzugeben. Das war sehr spannend und oft frustrierend, weil über die „stille Post" manches nicht so richtig ankommt. Nun konnte es noch 1 bis 2 Wochen dauern, bis es auf „Transport" (wohin auch immer) ging. Transport ist der Name, wenn man von der UHA in das eigentliche Zuchthaus kommt. Ab dann war ich für lange Zeit nicht mehr Frau Jauch oder nur die Nr. 2, ab dann war ich nur noch „Strafgefangene". Eine Titulierung, die schon im Herzen weh tat.

Leipzig, den 28.10.1980

<u>Vernichtungsprotokoll</u>

Am heutigen Tage wurden durch Unterzeichner die nachfolgend aufgeführten Unterlagen, welche durch das KG Leipzig-West in der Strafsache JAUCH/JAUCH gemäß § 56 StGB eingezogen wurden, vernichtet.

1. 1 Brief vom 30.6.1980
2. 2 Reiseanlagen
3. 2 Erklärungen über Zahlungsmittel
4. 2 Flugscheine.
5. 2 Zählkarten
6. 1 Umtauschbescheinigung vom 30.6.1980
7. 1 Zugfahrkarte

Sachbearbeiter ....)fw.

bestätigt   Hptm.

~Land

BV für Staatssicherheit
Abteilung IX

Leipzig ...., den 5.11.80

Tgb. Nr. 3720

MINISTERRAT
DER DEUTSCHEN DEMOKRATISCHEN REPUBLIK
Ministerium für Staatssicherheit
Hauptabteilung IX/8

Berlin

Meldung

über den Abschluß eines Strafverfahrens

Lpz. ZMA BV-Lpz cotts **1. Instanz**
KD Lpz.-Land

Name des Beschuldigten   **J A U C H**   Vorname   **Anke**

Geburtsdatum **02. 02. 1959 in Leipzig**

Abschließende Entscheidung vom   **15. 10. 1980**

Abschließendes Organ   **KG Leipzig-West**

Art der Entscheidung/Strafausspruch (einschließlich Zusatzstrafen)

Urteil: 1/6 FE

Abschlußtatbestand   **§ 213 (2) und (3) 5 (4) StGB**

Verhandlung war: nicht öffentlich — öffentlich — vor erweiterter Öffentlichkeit*

Für den Angekl. war anwesend: Ges. Ankläger — Ges. Verteidiger — Kollektivvertreter*

RA
Weitere Maßnahmen der Öffentlichkeitsarbeit

— keine —

* Zutreffendes unterstreichen

Transport Räuberhaus

14 Tage nach der Urteilsverkündung war es soweit. 06:00 Uhr früh ging die Klappe auf: „Zwei, Sachen packen!" Alle meine kleinen Habseligkeiten wie Schokolade und Zigaretten überließ ich Annika, die ihren Prozeß eine Woche später vor sich hatte und alleine in der Zelle zurückblieb. Ich packte meine Sachen und Annika klopfte schnell drei Zellen weiter durch an Matthias, daß ich auf „Transport" gehe. Kurze Zeit später kam: „Ich auch." Noch ein „Küßchen" als Wort durchgeklopft, das war's.

Eine Stunde später trat ich aus der Zelle, unterm Arm die Decke mit all den Kleinigkeiten. Vor der dritten Zelle schlug ich heftig mit dem Fuß dagegen, damit er Bescheid wußte. Es war strengstens verboten, irgendwelche Geräusche von sich zu geben, aber dort war mein Mann! Außerdem, was sollte mir denn noch passieren? Unten in einer großen leeren Zelle brachte man mir meine Kleidungsstücke und legte mir eine Liste mit meinem Geld und Schmuck vor. Dann passierte etwas völlig außergewöhnliches, womit ich niemals gerechnet hätte. Ich wurde in den Sprecherraum geführt, dort saß Matthias. Das war eine Überraschung. Zehn Minuten durften wir uns noch mal in die Augen schauen und miteinander reden, Kopf hoch, stark sein, durchhalten – das waren die letzten Worte von uns beiden.

Mein Weg, alleine, begann, nun hatte ich keinen mehr an meiner Seite. Ich mußte diesen Weg gehen, wie ich ihn ging war mein Problem, ausnahmslos war ich ab jetzt völlig auf mich gestellt. Mit dem Käfigauto fuhren wir fünf Straßen weiter, in ein Gefängnis, das als Übergang diente. Wir nannten es „Räuberhaus" Erich-Kästner-Straße. Ich kannte jeden Stein dieser Straße, es ist mein Zuhause gewesen. Sooft langgelaufen und nie vermutetet, was hinter diesen Mauern geschah. Sämtliche Asoziale und Kriminelle befanden sich dort, deshalb Räuberknast. Es war die Unterschicht, mit denen wir Politische nun erste Bekanntschaft schlossen.
Eigentlich war es zum Ausreißen, die Hölle, es war unglaublich, was

für Typen von Menschen man hier kennenlernte. Ein Gruselfilm war nichts dagegen. Nun erfuhren wir mit eigenen Augen und Ohren, was es alles in der DDR gab. Ich war entsetzt.

Da las man in den Zeitungen immer von der bösen BRD über Arbeitslosigkeit, von der schrecklichen Kriminalität. Und von dem „Arbeiter- und Bauernstaat" nur positives, nichts von den Tausenden schuldigen, unschuldigen, die die Gefängnisse füllten. Da waren 60jährige alte Frauen, die mir erzählten, was sie getan haben und warum, ich traute meinen Ohren nicht.

Diese eine alte Frau, nur ein Beispiel, hatte tagelang, monatelang getrunken und war nicht auf Arbeit erschienen - deshalb sollte sie verhaftet werden. Sie hatte panische Angst davor, sie versteckte sich in einem Abbruchhaus oben auf dem Dachboden. Nach einiger Zeit sahen die Polizisten sie oben aus der Dachluke schauen, doch sie konnten sie nicht fassen, sie kletterte aus der Luke und stieg aufs Dach. Am anderen Morgen klingelte es an der Wohnungstür, vier Polizisten standen vor der Tür. Sie ging ruhig zurück in ihre modrige schmutzige kleine Küche und schlürfte ihren Kaffee weiter, bis es krachte und knallte. Die Polizisten schlugen die Wohnungstür ein. Ohne sich zu wehren ging sie mit. Mit sechs solchen Frauen, Mädchen, kaum älter als 16, war ich in einer größeren Zelle zusammen. Es roch nach Abfall, wie mitten in einer Mülldeponie nach Scheiße, Qualm, Urin. Ich ekelte mich sehr. Die Zelle bestand aus einem Tisch, 4 Stühle, wir waren sieben, drei Doppelstockbetten, ein einzelnes Bett und zwei kleine Fenster aus Glasbausteinen mit dicken Eisengittern davor. Das Essen war Katzenfutter, es bestand aus Fett, Speck, ekliger Marmelade und altem Brot. Eine riesengroße Blechkanne voller Tee, den man niemals getrunken hätte, wenn es irgendeine andere Möglichkeit gegeben hätte. Einmal am Tag war eine halbe Stunde Freihof, man ging geschlossen in Etagen in den winzigen Hof, wir liefen immer im Kreis. Es war November, es schneite und war sehr kalt, in meinen dünnen Sommersachen fror ich sehr.

In dieser Zelle machte ich persönlich die erste Erfahrung mit einer lesbischen 17jährigen. Sie faßte alle an, mir war übel und ich glaubte, es nicht länger aushalten zu können. Du mußt hier durch, redete ich mir unter Tränen ein, gib nicht jetzt und hier auf!

In vielen Gesprächen mit den Frauen und Mädchen versuchte ich positiv auf sie einzureden, ohne Erfolg. Sie staunten zwar und gaben mir recht, aber verändern tat sich nichts. Ich war die einzige Politische in dieser irren Zelle und ich lernte das fürchten. Bei den Asozialen war es immer der gleiche Weg, wenn sie aus dem Gefängnis entlassen wurden, sind sie zur Zwangsarbeit in einem Betrieb verpflichtet worden, meist als Putzfrauen, daraus folgt, daß ihnen die Arbeit nicht gefällt und wieder nicht auf Arbeit erscheinen und so setzt sich der Kreislauf für diese Menschen in Gang, aus dem sie ohne wirkliche Hilfe nicht mehr rauskommen. Einen Wohnsitz bekommen sie meist in einem Abbruchhaus zugewiesen. Sie dürfen die Stadt nicht verlassen und müssen sich wöchentlich melden. Die meisten kennen sich von anderen Gefängnissen, das ist einfach eine andere Welt. Drei Tage mußte ich es dort aushalten, dann ging ich auf große Reise.

November

Heut ist der Tag
wo Vieh zum Schlächter fährt
kein Schwein
kein Rind
nein
Menschen sind's.

Es schneit
es friert uns sehr
schwere Ketten um's Gelenk
bewacht von Menschen
eiskalt im Gesicht
wie dieser Tag
kein Muskel zuckt.

Im Zug ist's kalt und eng
lang fahren wir
ein Weg den keiner kennt
ein Weg der im Elend sich verfängt.

1981 Anke Jauch

Zugtransport ins Frauenzuchthaus

Früh 07:00 Uhr hieß es für mich „Sachen packen". In einem Kellergang übergab man mir ein Paket mit meinen Wertgegenständen, zwei Scheiben Brot sowie einen Apfel. Meine Zigaretten gab man mir nicht. Ich war aufgeregt, wußte ich doch gar nicht, wohin diesmal die Reise geht, man munkelte Hoheneck wäre das einzig richtige für politische Häftlinge, also hoffte ich sehr darauf, wo das lag, wußte ich nicht.

Dieses Mal stieg ich in einen W50-Transporter, grün, geschlossen und mit kleinen vielen Käfigboxen. Das Ziel dieser Fahrt war der Leipziger Hauptbahnhof. Bevor ich ausstieg, legte man mir Handschellen an beide Handgelenke. Mir war bekannt, daß der Leipziger Hauptbahnhof der größte Europas war, doch das er völlig unterkellert ist, ahnte ich nicht. So staunte ich über die Handschellen und den dunklen Kellerbahnhof. Eine sehr schmale Wendeltreppe führte hinab, es war eiskalt und dunkel. Wieder eine Wendeltreppe führte hinauf zu den Außenbahnsteigen, wo unser Zug stand. Hoheneck, das Frauenzuchthaus war nun mein Ziel. Der Zug war außergewöhnlich lang. Hinten und in der Mitte befanden sich die normalen Waggons mit den Abteilen der 1. bis 3. Klasse. Ganz vorne die Gefängnisabteile. Da wir von hinten kamen, und der Zug in kurzer Zeit abfahren sollte, mußten wir an allen Waggons vorbei, die voll mit Menschen besetzt waren. Was die wohl dachten, als sie eine Kolonne von etwa 30 Gefangenen in Handschellen sahen. Ich hatte nichts verbrochen, darum verdeckte ich auch nicht, wie andere, meine Handschellen. Ich dachte, wenn ihr nur wüßtet. Eingepfercht wie in einem Viehwagen saßen wir zu acht in dem engen Abteil, was Milchglasscheiben hatte, damit wir auch ja nichts sahen.

Die Asozialen und Kriminellen machten sich einen Jux daraus, die verbotenen Zigaretten doch mitzunehmen, sie schmuggelten sie im BH oder der Unterhose mit. In unserem Abteil waren rechts und links kleine Löcher zu den anderen Abteilen, dort wurde dann um Zigaretten gehandelt. Das Loch in der Wand war genauso groß wie eine Zigarette. Wir Politischen waren beim Rest verpönt, da sie wußten, daß wir schuldlos eingesperrt wurden, sicher, in ihren Augen waren wir auch teilweise arrogant. Oft war mir unheimlich zumute, wie und worüber sie redeten.

Die Fahrt dauerte eine Ewigkeit, es war ein Bummelzug, der an jedem Ort zu halten schien. Wenn man auf die Toilette mußte, klopfte man an die Eisenabteiltür, dann dauerte es mindestens zehn Minuten, ehe geöffnet wurde.

Hoheneck

Es war gegen 18:00 Uhr, als wir den Bahnhof von Stollberg/Hoheneck im Erzgebirge erreichten. Klick, und die Handschellen waren wieder um meine Handgelenke. Auch dort wurden wir durch das Bahnhofskellergewölbe geführt, um von einem grauen Lkw-Käfig in Empfang genommen zu werden. In dem Lkw befanden sich zwei Strafvollzugsangestellte, die uns beim Einsteigen die Handschellen abnahmen, bei mir schloß der Schlüssel nicht. Ich mußte tatsächlich meine Hand so rausquetschen aus den Handschellen. Es schmerzte. Aber auch wie lächerlich. Eine gute Stunde fuhren wir mit dem Lkw, der in zwei große Eisengitterkäfige geteilt war. Dann erreichten wir die „Burg Hoheneck", das eiserne Zuchthaus. Die meisten Asozialen und Kriminellen kamen schon zum dritten teilweise zum sechsten Mal hierher. Sie erzählten mir Schauergeschichten darüber, mir wurde gruselig zumute, es war dunkel, kalt und neblig. Der Ort Stollberg liegt im Erzgebirge zwischen Chemnitz und Zwickau. Hoch über dem gemütlichen, malerischen Ort thront die Burg Hoheneck. Als königlich-sächsisches Weiberzuchthaus wird es seit 1863 genutzt. Das so ein Zuchthaus in der DDR überhaupt existiert, hätte ich nie gedacht.

Nun war ich angekommen. Wir stiegen aus und betraten einen großen leeren Raum, dort warteten wir gut eine halbe Stunde, ehe sie uns rausholten.

Über einen weitläufigen Hof (früher bestimmt ein wunderschöner Garten) mit vielen Eingängen und Treppen wurden wir geführt, bis wir eine schmale Wendeltreppe zum Dachboden erreichten. Die Einkleidungskammer. Dort zogen wir uns nacheinander aus und bekamen „Strafvollzugskleidung". Ich nahm Abschied von meinen persönlichen Sachen, das tat sehr, sehr weh. Für 1 ½ Jahre bekam ich einen dicken schweren langen Wollmantel, ein schwarzes Kopftuch, drei paar lange Hosen, drei Blusen, ein Pullover, zwei Wollträgerröcke, zwei Paar Schuhe, schwarze Socken, Handschuhe, Unterwäsche, Handtücher, Taschentücher, ein Geschirrhandtuch, Bettwäsche – blaukariert. Das war nun meine Ausrüstung für eine lange Zeit. Die Sachen waren dunkel, grau, schwarz, dunkelgrün. Kein Kleidungsstück war dabei, was man vorher je gesehen hätte, das gab es nur im Gefängnis. Mit dieser Tatsache mußte ich mich abfinden. Als das Einkleiden beendet war, wurden wir in die Zugangshalle geführt, die sich in einem anderen Teil der Burg befand. Das waren winzige Zellen, worin sich Drei-Stock-Betten befanden, die gar nicht zulässig waren. Acht Personen in einer ganz schmalen Zelle. Es war nun schon 21:00 Uhr geworden. Wir erhielten ein Stück hartes Brot und kalten Tee. Einen Vortrag über die Hausordnung und eine lange Liste, was verboten war, hörten wir uns an. Man gab uns einen Zettel, worauf wir einen Brief an die nächsten Angehörigen schreiben sollten. Als wir danach in unsere Zelle zurückkehrten und jemand auf die Toilette mußte, glaubten wir unseren Augen nicht. Sie war bis oben hin verstopft und es stank ekelhaft! Wir besorgten uns ein Gerät, um sie sauberzumachen. Endlich konnten wir schlafen. Doch so viele neue, erschreckende Eindrücke ließen mich in dem quietschenden Bett rumwälzen, lange fand ich keinen Schlaf. Am Morgen um 05:30 Uhr wurde an die Tür gehämmert – Nachtruhe beendet! In zehn Minuten sollten wir gewaschen und angezogen vor die Tür treten und Meldung machen. Was wie folgt lautete: „Frau Oberleutnant, ich melde acht Strafgefangene im Zugang vollständig angetreten, keine Vorkommnisse, es meldet Strafgefangene soundso." Alle: „Guten Morgen, Frau Oberleutnant!" und wehe einer schwieg bei dem Gruß.

Man trat schön der Reihe nach in die Zelle zurück, diese wurde gleich wieder verriegelt. Eine halbe Stunde später kam das magere Gefängnisfrühstück. Ich befand mich im Zugangs-/Abgangstrakt. Wir taten den ganzen Tag nichts. Mit abgebrannten Streichhölzern und einem Fetzen Papier schrieb ich ein Gedicht, welches ich gut verstecken mußte. Ich habe über eine Woche in dieser abscheulichen Zugangsstelle verbracht. Wir hatten dort auch Freistunde, die Schuhe, die ich tragen mußte, plagten mich sehr, beide Fersen hinten waren voller Blasen, alles entzündete sich, noch viele Jahre später hatte ich davon Einkerbungen an meiner Haut. Als ich die Schuhe tauschen wollte, kam die Antwort: „Haben Sie sich nicht so, Sie gewöhnen sich daran." An einem Montag hieß es wieder: „Strafgefangene Jauch, Sachen packen!" Zu einer Oberstleutnant in ein Büro wurde ich geführt. Man teilte mir dort die Strafgefangenennummer mit: 4758, die ich immer nennen und bei irgendwelchen Schriftstücken schreiben sollte.

Diese dicke Oberstleutnant trieb mir Tränen, wo ich glaubte, die ich gar nicht mehr hatte, in die Augen. Sie erzählte mir von Briefen meiner Eltern, und von Zeichnungen meiner geliebten 3jährigen Nichte Katja. Das waren schmerzhafte Momente.
In welche Zelle, nein, dort hieß es Verwahrraum, würde ich kommen? Waren dort auch Politische?

Man führte mich durch große Gebäude, Gänge und ich sah viele Türen. Dann schloß sie eine Tür auf, als ich zögerte, gab sie mir einen Schubs und Knall, die Tür war zu. Ich sah mich in einem großen Raum. Da stand ich nun, mutterseelenallein, nahm meinen ganzen Mut, meine ganze Kraft zusammen. Langsam ging ich durch den großen Raum und begrüßte jede mit Handschlag und Namen, das ist eher ungewöhnlich, aber so anständig, wie ich und die Politischen sind, stellen wir uns nun einmal vor, wollte auch wissen, mit wem ich es Monate aushalten muß. 24 Personen befanden sich im Raum. Die Asozialen und Kriminellen erkannte ich sofort und ich war unsagbar glücklich, als ich hinten am Fenster drei Frauen entdeckte, die ordentlich, nett und freundlich aussahen. Auch sie erkannten mich sofort als Politische. Sie nahmen mich in den Arm und sprachen mir Mut zu. Ich war ja so froh, nicht ganz alleine zu sein. In diesem Raum befanden sich ausschließlich verbotene Drei-Stock-Betten, in einem Nebenraum waren zwei ! Toiletten und fünf Waschbecken – für 24 Menschen. Es gab fünf kleine vergitterte Fenster, drei Tische mit Stühlen und Schränke, wovon jeder ein paar schmale Fächer bekam. Als erstes mußte ich mich bei der „Verwahrraumältesten" melden, sie war eine Frau von 34 Jahren, hatte drei Kinder und einen Mann zu Hause. Sie hatte bei ihrer Firma Geld unterschlagen. Unterschlagungen waren häufig hier vertreten. Wie ich nun von Marit 1 Jahr und 3 Monate, sie war Lehrerin, Moni 1 Jahr und 10 Monate, Zahnärztin und von Anna 1 Jahr und 10 Monate auch Lehrerin erfuhr, wer welche Tat begangen hatte, war ich schockiert. Da war eine Mörderin, die mit ihrem Mann gemeinsam ihr eigenes Kind umgebracht hat. Das waren auch häufige Fälle im Zuchthaus Hoheneck. Auch eine Psychologin, die einen Mord begangen hatte, war darunter. Dieses Zuchthaus bestand aus den meisten LL (Langstrafgefangene), die lebenslänglich bekamen. Wirtschaftsverbrecher, politische Gefangene mit 5, 6 bis zehn Jahre, Raubverbrecher und der Rest setzte sich aus einem großen Teil Kurzstrafgefangener von 1-3 Jahren zusammen.

Ich sah die hohen Mauern, den dicken Stacheldrahtzaun, ringsherum ein Graben und man konnte die scharfen Schäferhunde kläffen hören. Das schon allein flößte mir keinen Mut ein. Die „Erzieherin", wiederum ein Wort, was ich nicht mochte, im Kindergarten noch verständlich, hieß die ersten zwei Monate Unterleutnant Zaspel, sie war nicht älter als 27 Jahre und wenig intelligent. Normalerweise bekommt man 3-4 Schreibadressen zugebilligt. Normalerweise, d.h. alle Gefangenen, bis auf die Politischen, wir mußten um zwei Adressen kämpfen. Matthias und meine Eltern. In der ersten Woche bat ich um Erlaubnis, Rechtsanwalt Dr. Vogel in Berlin zu schreiben. Doch dieser Brief verschwand auf mysteriöse Weise, wie viele Briefe von mir. Also schrieb ich noch einmal, dieser Brief kam zum Glück auch an.

Mein erster Tag begann in der Frühschichtwoche 03:00 Uhr mitten in der Nacht. Es gab die Frühschicht von 05:00 bis 13:00 Uhr, Spätschicht von 13:00 bis 21:30 Uhr, Nachtschicht von 21:30 bis 04:30 Uhr, sechs Tage die Woche, Sonntag war frei. In Hoheneck gab es drei Werkstätten: Planet 1-2-3, eine Bettwäschefirma, die ausschließlich für das Ausland, besonders für die BRD, herstellte. Sie bekamen die Stoffe, die genäht werden mußten. Etwa 300 Strafgefangene waren da rund um die Uhr beschäftigt. ZW – Zentrale Werkstätte von ca. 150 Gefangenen, sie stellten Oberbekleidung, Hemden, Kittel, usw. her, dieses Kommando nannte man auch Lumpenkommando. „Esda", eine Strumpfhosenfabrik von ca. 280 Häftlingen. So hieß meine Arbeitswerkstatt in dem Kommando, wo ich untergebracht war. Wir stellten Strumpfhosen auch fast nur für die BRD her. In der ersten Zeit stellte man mich an einen „Heißformer", so eine Art Bügelbrett, über das man den Strumpfhosenstoff ziehen mußte, damit eine Form entstand. Es war heiß, giftige Dämpfe atmete man ein, eindeutig gesundheitsschädlich. Ich gewöhnte mich schnell an das Drei-Schicht-System, die Nachtschicht war die anstrengendste, aber auch die schönste, da so die Zeit am schnellsten verging. In den ersten drei Wochen hatte ich noch kein Geld bekommen, obwohl ich aus der UHA etwas mitgebracht hatte. Die lieben, Anna und Moni gaben mir 10 Mark, Marit gab mir für eine Woche Tee und Kaffeemarken. Es gab für 10 Pfennig schwarzen Tee in der Pause und am Wochenende Kaffee, Mixkaffee, keinen Bohnenkaffee.

Die ersten Wochen waren für mich mit völlig neuen Gefühlen und dem zurechtfinden in dieser Umgebung ausgefüllt. Ich mußte mich daran gewöhnen, daß das Personal hier mit „Wachtel" tituliert wurde, daß mein Bett stets wie frisch gebügelt aussehen sollte und zu dem einen „Keil" zu bauen war. Man ging täglich durch den Raum und es passierte, daß sie das gemachte Bett aufschleuderten, im Schrankfach, wenn da etwas nicht gerade lag, wurde alles rausgezogen. Es gab Auszeichnungen und Noten. Für Arbeit, Ordnung und Disziplin.

Nach etwa sechs Wochen befand ich mich eines Abends in einem Schockzustand. Ich warf mich auf das Bett und heulte und verzweifelte, ich hätte am liebsten ganz laut geschrien und wäre ausgerissen, ich fühlte mich so beengt, bedrängt, eingesperrt. Meine lieben drei Mitgefangenen versuchten mich zu trösten, aber ich konnte mich kaum beruhigen. Es war kein mir vertrauter Mensch da, der mich in den Arm nahm, dem ich alles erzählen konnte, der mich beruhigte. Es war keiner da, nur ich, mein ich, das sich mit quälenden und ängstlichen Gedanken trug. Es dauerte lange, bis ich mich wieder gefangen hatte. Auch dieses Leben hier muß weitergehen und es ging weiter. Man konnte sich dort nicht mal aus dem Fenster stürzen. Die fetten Gitter hätten nichts zugelassen. Ich krabbelte in mich hinein, lauschte auf das, was in meiner Seele vorging und fing wieder heimlich an, Gedichte zu schreiben. Das nennen wohl Psychologen den sogenannten „Haftkoller".

Bald kam ich auch an die Nähmaschine in dem großen ratternden Saal. Wir mußten die heißgeformten einzelnen Strümpfe, die weiß waren, zusammennähen. Im Raum befanden sich 24 Maschinen, davon zwei Spitzennähmaschinen. Sie dienten zum verstärkten Nähen der Fußspitze und Ferse. Ich nähte kleine und große Zwickel, d.h. ich nähte die beiden Strümpfe zusammen, indem ich den Zwickel einnähte. Vorne saßen die Kontrolleure, wir bekamen die einzelnen Strümpfe in grünen Säcken an den Platz gebracht, die Kontrolleure nahmen sich von jeder, ohne Plan, 1-3 Säcke pro Schicht, die wurden auf eventuelle Fehler kontrolliert. Wir arbeiteten auf hoher Leistung, je höher die Anzahl der Säcke, desto mehr Geld gab es, es handelte sich um 8 bis 45 Mark für den Monat. Auch sonntags wurde oft gearbeitet, es hieß dann Sonderschicht-Planerfüllung und mit etwas mehr Geld, so 1-2 Ostmark, lockten sie uns für Kaffee und Kuchen. Es war sozusagen freiwillige Pflicht. Mit der Zeit stumpfte man an der Nähmaschine ab, man hatte alles im Griff. Ich hatte immer einen Minizettel und einen Stift versteckt unter meiner Arbeit, man konnte herrlich träumen dabei, so schrieb ich da einige Gedichte, machte mir Notizen für die nächsten Briefe an Matthias und die Eltern. Ich hatte die schönsten, kräftigsten Farben bereit, als ich anfing, mir mein Leben in Freiheit auszumalen. Ich träumte davon, wie ich meiner Familie um den Hals fallen würde, wir lachten und glücklich waren, ich malte mir meinen Plan, die Familie zu treffen aus, den Ort, die Zeit, die Straße, das Hotel, die Geschenke und unsere lachenden Gesichter. So, wie ich es mir an der Nähmaschine in vielen Schichten im Traum ausmalte, so geschah es auch und das macht mich sehr zufrieden und glücklich.

Einmal im Monat war Sprecher mit den Eltern, eine Besuchserlaubnis dafür wurde schriftlich beantragt. Sie brachten immer wunderschöne, langhaltende Blumen, Schokolade, Käse, Kräuter und Zigaretten mit. Für meine Eltern muß es eine Qual gewesen sein, immer an dem genannten Termin, immer an einem Wochentag frei zu bekommen von der Arbeit, sie fuhren mit dem himmelblauen Trabbi vier Stunden bei Wind, Regen, Schneesturm, um mich für eine Stunde zu sehen. Wir durften uns nicht einmal berühren, ich wollte ihnen so vieles sagen, doch durfte ich nicht. Ich wollte wissen, ob sie von Dr. Vogel Nachricht bekommen hatten. Unsere Wohnung mußte aufgelöst werden, und die Dinge wollte ich gerecht verteilt wissen, doch darüber zu sprechen, war strengstens verboten. Die „Erzieherin" saß mir gegenüber, es war unmöglich, Andeutungen zu machen, die auch meine Eltern verstanden. Der Abschied fiel jedesmal schwer, als ich dann wieder in meiner Zelle war, fühlte ich mich wie zerschlagen. Die ersten zwei Monate vergingen schnell, dann kam eine große Wendung in unseren eingefahrenen Trott. Wir bekamen eine neue Unterleutnant – Tierisch, ihr unvergeßlicher Name. Was diese Person mir antat an Demütigung, Schickane und Verzweiflung, werde ich bis zu meinem Sterbetag nicht vergessen. Gut vier Jahre habe ich in Freiheit gebraucht, um mich mit ihr innerlich auseinanderzusetzen, daß der Haß, die Wut und der Schmerz bei mir keine Oberhand gewinnt. Ich habe sie besiegt und sie in meinem Keller eingemauert, ich bin frei, lebe ohne sie, aber was mich das an Kraft und Energie im nachhinein gekostet hat, wie viele nächtliche Auseinandersetzungen, das weiß nur ich, daß kann man nicht beschreiben. Sie ist und bleibt in meinem Keller.

Sie hat uns allen Politischen das Leben zur Hölle gemacht, mit ihrem kleinen Gesicht, ihren schwarzen, schmalen, böse blickenden Mongolen-Augen. Mit jedem ihrer Worte und Gesten tat sie uns weh. Zu den Asozialen und Kriminellen war sie anders. Wir heuchelten nicht, wir redeten ihr nicht nach dem Mund, wir sagten, was Sache war. Doch diese Person wollte uns schikanieren, uns zeigen, wer hier das Sagen hat. Sie bestimmte über uns, sie verfügt über uns, wie und wann sie wollte. Bei den Kolleginnen war sie verrufen, bei uns wollte sie sich behaupten, da wir uns nicht wehren konnten. Sie war es, die die Waffe in der Hand hatte. Je mehr wir versuchten, uns zu wehren gegen ihre Ungerechtigkeit, desto aggressiver wurde sie. Es war ein hin und her, sie wollte siegen, sie mußte siegen, sonst hätte sie sich selbst verloren. Diese Frau war eine Raubkatze, so wie die Katze mit ihren scharfen Krallen, benutzte sie die Worte, die sie nicht zu zügeln vermochte.

Tage und Wochen sind vergangen. Ich hatte nun schon zwei Sprecher mit meinen Eltern gehabt. Nun stand Weihnachten und Silvester vor der Tür. Weihnachten – ein Fest der Familie. Am Heiligen Abend gab es ein selbstgestaltetes Programm und einen kleinen bunten Teller. Doch Festtagsstimmung kam nicht auf. Schon im Zugang schrieb ich eine Mitteilung, daß ich an den Gottesdiensten teilnehmen möchte. Doch aus welchen Gründen auch immer, blieb es mir versagt. Am 2. Weihnachtsfeiertag rief man mich unerwartet auf, daß ich heute teilnehmen könnte. Der Saal war voll und der Pfarrer hielt eine gute Predigt. An diesen 14tägigen Gottesdiensten waren außer dem Pfarrer auch zwei Unterleutnant dabei, die die ganze Zeit in Wachstellung aufpaßten. So konnte man kaum Kontakt aufbauen. Beide Weihnachtsfeiertage unterschieden sich fast gar nicht von den eintönigen Tagen. Nur im Eßsaal dienten weiße Bettlaken als Tischdecke und verdeckten die kahlen Holztische. Zwischen Weihnachten und Silvester wurde hart in drei Schichten gearbeitet. Am Silvesterabend deckte ich mit Marit einen fürs Gefängnis wunderbaren gemütlichen „Tisch". Der „Tisch" bestand aus zwei Brettern, die wir in die Heizungsrohre klemmten, darauf ein Stück Stoff, was wir von den „Planeten" bekommen hatten. Von 21:00 Uhr bis 23:00 Uhr lag ich oben auf meinem Bett und schaute aus dem Fenster. Vor mir lag Stollberg bei Nacht, Silvesternacht, Lichter flimmerten überall. Ich dachte in diesen ruhigen, in mich gekehrten Stunden an Matthias, dachte an meine Familie, über unsere Freunde und über mich und unsere Zukunft nach. Würden wir es schaffen, frei zu sein? Oder würden wir in Leipzig wieder in Unfreiheit leben? Und wenn es uns gelingt, wie würde unser Leben weitergehen, ohne Arbeit, ohne Geld, ohne Familie, ohne Freunde, würden wir uns zurechtfinden? An diesem Abend zum Jahreswechsel blieben viele Fragen offen. Kurz vor 24:00 Uhr weckten Marit und ich Moni und Anna, die die Zeit zum Schlafen genutzt hatten.

Mit unseren großen braunen Plastiktassen, gefüllt mit Tee, stießen wir auf das Jahr 1981 an und wünschten uns gegenseitig zwei Dinge: Gesundheit und die langersehnte Freiheit. Gegen 01:00 Uhr wälzte ich mich ein paar Minuten im Bett hin und her, bis ich tief einschlief.

Das neue Jahr hatte mit Schnee und Eiseskälte begonnen. Zur Freistunde mußten wir nun in den dicken schweren Mänteln und Kopftüchern erscheinen. Wenn ein anderer Mensch die Massen in der Freistunde beim Anstellen und Meldung machen gesehen hätte, er hätte mitten in Deutschland eine Schar Pinguine vermutet. Zu jeder Freistunde waren 3 bis 4 Kommandos von je 150 bis 200 Gefangenen angetreten. Jedes Kommando mußte zehn Minuten Sport treiben. Das sah im Winter recht lustig aus, wenn die Vorturnerin, im Mantel und Kopftuch, Arme kreiste, so taten über die Hälfte die Finger und Hände bewegen, statt die Arme zu kreisen. Es gab keine Ausnahme, alle mußten sich daran beteiligen. Ich bekam ca. 15 bis 20 Ostmark pro Monat, davon kaufte ich mir Milch, Teemarken und für jedes Wochenende Kaffeemarken. Schokolade gab es alle vier Wochen zum Sprecher mit den Eltern. Für Zigaretten hatte ich kaum Geld. Ich rauchte Karo, filterlos, oder Tabak und Blättchen, die ich mir von einer Zellennachbarin drehen ließ. Wenn man durch die langen Gänge ging, traf man unten die LL (Lebenslänglichen) und Kriegsverbrecher, die waren in einer Tagesschicht, jeweils zu dritt in einer Zelle, das sprach sich so rum.

Als ich in Hoheneck ankam, war von dem Drei-Stock-Bett ein oberes für mich frei. Nach zwei Monaten wechselte ich in die Mitte, dort machte ich die schlimme Erfahrung, daß wenn wir schliefen, das gesamte Drei-Stock-Bett wackelte. Ich traute meinem Körper und Ohren nicht recht. Über mir lagen nun zwei lesbische Frauen, und die triebens recht doll. Ekel und Abscheu überkamen mich, ich war dann sehr froh, daß das untere Bett frei wurde und neben mir schlief Marit. Das war nun auch erträglich.

Alle 14 Tage war eine Kommandoversammlung angesagt. Man saß im Gang auf harten Stühlen, meist waren diese Versammlungen nach der Frühschicht. Wir waren alle müde und es ging immer um das Gleiche: Arbeit, Leistungssteigerung, Planerfüllung. Die Auszeichnungen bekamen die Asozialen und Kriminellen, die über 100 % Leistung brachten. Wir Politischen dachten gar nicht daran, so viel zu erwirtschaften, wir arbeiteten gut, so daß es zum Gefängnisleben reicht. So viel Ostmark wollten wir gar nicht mehr. Unser Kommando bestand aus unserem Verwahrraum mit 24 Personen und nebenan war noch ein Verwahrraum mit ca. 12-14 Personen, auf dem Gang gegenüber ein Raum mit ca. 12-16. Das war der schlimmste Verwahrraum, dort waren zwei Politische, eine nette „Hausfrau" und eine Zahnärztin. In unserem Kommando lernte ich Dinge kennen, die man sich als normaler Mensch nicht einmal im Traum vorstellen konnte. Da waren tatsächlich Frauen, die sich pausenlos Nadeln in den Arm schoben, Besteck runterschluckten, nur um Abwechslung zu haben, sprich auf die Krankenstation oder für ein paar Tage ins Haftkrankenhaus zu kommen. Das mit den Nadeln oder dem Löffelverschlucken kam regelmäßig vor, wir schauderten. Manche befriedigten sich mit der Zahnbürste.

Es war der 02.02., mein 22. Geburtstag. Frühschicht, 03:00 Uhr klingelte der Wecker. Ich ging an das Waschbecken, aus dem zu dieser Nachtzeit nur eiskaltes Wasser lief und ließ mir dieses kalte Wasser über mein Gesicht laufen. „Hey, du hast heute Geburtstag", lächelte ich mich im fast blinden Spiegel an, „und keiner gratuliert dir." Da stand ich angezogen und fertig zur Arbeit vor meinem Bett am Fenster und plötzlich kamen Anna, Marit und Moni. Sie gratulierten mir und gaben mir kleine Geschenke, doch nicht ganz vergessen, ich freute mich sehr. Am Nachmittag spendierten sie mir eine Teemarke. Ich bekam einen Sprecher mit meinen Eltern, darüber war ich sehr glücklich. Sie erzählten mir, was es bei ihnen neues gab, doch mich interessierte nur eins, ob die ersehnte Post von Dr. Vogel angekommen war. Die Tierisch beobachtete meine Eltern auf's Schärfste, so konnte ich keine Antwort von ihren Augen ablesen. Enttäuscht wurde ich in die Zelle zurückgebracht.

Eine junge Frau war bei uns im Verwahrraum, man kann es einfach nicht fassen, sie war taub und stumm! Nur weil sie auch nicht regelmäßig auf Arbeit erschienen ist, wurde sie eingesperrt. Wir fanden das unmenschlich, konnte man ihr nicht anders, richtig helfen?

Dann kam der März, schon vorher wurden mir von vier Briefen, die ich an Matthias schrieb, drei zurückgegeben. Die Tierisch, die alle Briefe, scheinbar meine besonders, kontrollierte und ständig Punkte fand, die ich hätte nicht schreiben sollen, schikanierte mich auf diese Weise. Es packte mich die Wut und ab sofort schrieb ich die Briefe für Matthias gleichzeitig auch für die Tierisch. Das war eine ungemein große Herausforderung an mich. Jeden Satz drehte und wälzte ich so, daß der Inhalt für Matthias plausibel war und für die Tierisch böhmische Dörfer. Doch manche Briefe an Matthias sind nie bei ihm angekommen.
Auch Zeichnungen von meiner kleinen Katja habe ich oft nicht erhalten.
Mit der Post, das war so eine ganz besondere Sache bei der Tierisch. Wir wußten von anderen Kommandos, daß die Post da war, doch als wir die Tierisch nach der Post fragten, sagte sie oft: „Nein, ich habe noch keine, vielleicht morgen." Und so mußten wir auf die sehnlichst erwartete Post viele Tage warten, nur aus Schikane. Manchmal

kam sie unverhofft rein und sagte: „Ach, Strafgefangene Jauch, hier habe ich einen Brief für Sie." Irgendwie spitzte sich alles zu. Eines Morgens, wir kamen erschöpft von der Nachtschicht, trauten wir unseren Augen nicht. Der Raum sah aus, als wäre etwas explodiert. Das Bettzeug lag kreuz und quer durcheinander, Schubladen waren auf und zum größten Teil die Wäsche verstreut, der Inhalt aus den Eßregalen, alles lag auf dem Boden und durcheinander, selbst von ganz oben die Matratzen lagen auf dem Fußboden. Wer war das? Eine Razzia hatte stattgefunden. Rollkommando nannten sie es. Meine kleinen Zettel mit den so wertvollen Gedichten für mich waren alle verschwunden. Briefe von meinen Lieben, alle weg. Eine bodenlose Sauerei. Ehe wir schlafen konnten, mußte alles wieder ordentlich einsortiert werden, Tierisch schaute nach...

Seit einigen Tagen schlug irgendwie mein Herz nicht mehr so wie es sein sollte, ich hatte links Schmerzen, irgendwas stach und tat weh. Ich meldete mich zum Arzt an. Auf der Krankenstation ließ man mich in ein Bett legen. Es war grauenvoll auf dieser Station. Man gab mir eine Faustanspritze, Nitrangin Tropfen und eine Pecto cor Herzsalbe. Drei Tage war ich dort, dann machte ich drei Kreuze, als ich wieder in meinen Verwahrraum kam und arbeiten konnte. Es sprach sich auf dem Freihof herum, wenn am Abend an einem bestimmten kleinen Fenster Licht brannte, packte Jeams die Sachen in Pakete, für die Leute, die auf Transport gehen sollten, meist am nächsten Tag. So war es wohl auch tatsächlich. Transport war das Wort für uns Politische, es ging aufwärts, es ging Richtung Westen. Das passierte meistens in der Frühschicht und dann ging das Gemurmel los – die und die, ja die auch, sind endlich auf Transport. Wir freuten uns für sie und wir spürten, es tat sich etwas, das waren Highlights.
Es war März, ein Sprecher mit meinen Eltern war angesagt. Sie saßen mir immer gegenüber, die Tierisch neben ihnen. Nun mußte ich endlich wissen, ob Nachricht von Dr. Vogel angekommen war, die Frage drängte sich so in mir, daß ich sie dieses Mal aussprach, fest und klar, mein lieber Vati rollte seine treuherzigen Augen – plötzlich sprang die Tierisch auf und sagte: „Der Sprecher wird sofort abgebrochen. Strafgefangene, Sie wissen doch genau, daß solche Fragen nicht gestattet sind." Meine Eltern waren fertig, sie taten mir

schrecklich leid, ich hatte eine Riesenwut. Mir machte der Abbruch nichts aus, aber meine Eltern waren nur für zehn Minuten, die sie mich sehen konnten, vier Stunden gefahren. Mein Vati war derjenige, der mir Mut machte und protestierte, er sagte mir noch: „Alles ist so, wie du willst, Kopf hoch, Kleine, bald ist es so weit." Die Tierisch schickte mich sofort vor die Tür, ich winkte meinen Eltern noch, um ihnen zu sagen, daß sie sich um mich keine Sorgen machen brauchen. Ich schaffe es. Tür zu! Ich stand vor der Tür und konnte das alles nicht fassen. Aber ich war unendlich erleichtert und glücklich über die Worte von meinem Vater. Er hatte mich verstanden, was ich wissen wollte und er hat es mir gesagt. Noch heute tausend Dank für deine Worte. Die Tierisch hatte sicher mit meinen Eltern eine Auseinandersetzung, als sie zu mir rauskam, sagte sie zu mir im Eiseston: „Strafgefangene Jauch, Sie haben ab sofort zwei Monate Kontaktsperre!" Das heißt im Klartext: keine Briefe, keinen Sprecher, kein Päckchen, null, nichts. Aber ich wußte, was ich wissen wollte. Das reichte mir. Ich mag die Menschen, egal wie sie sind, versuche immer mit jedem zurechtzukommen, daher auch mein sozialer Beruf. Haß war ein Fremdwort für mich, aber da in Hoheneck, da lernte ich diese Frau hassen, in Freiheit wäre ich ihr sicher nie begegnet und wenn, dann wäre ich ihr aus dem Weg gegangen, aber hier mußte ich mich meinem Haß dieser Frau gegenüberstellen, mußte mich von ihr demütigen, erniedrigen lassen. Okay, das macht stark und prägt fürs Leben.

April/Mai Kontaktsperre. Die Welt bestand nur noch aus mir. Die ersten Sonnenstrahlen, die nutzte ich am Badezimmerfenster, da war eine breite Fensterbank, worauf ich mich setzte. Ich sah die Sonne und den Himmel und die dicken Gitterstäbe vor dem geöffneten Fenster. Ich saß dort mit Papier und Stift und schrieb meine Gedanken in Gedichte um. Es waren herrliche Momente. April, wir waren in der Freistunde auf dem Hof und trieben Sport, da kam die Tierisch auf unser Grüppchen zu. „Strafgefangene Reuss, Sachen packen!" Oh, Marit, meine Liebe, du hast es geschafft. Sie riß die Arme hoch und konnte ihr Glück kaum fassen. Schnell noch eine Umarmung von uns, alle guten Wünsche und weg war sie. Uns kamen die Tränen der Freude und Traurigkeit zu gleich. Nun war es neben mir im Bett still und leer und ich dachte viel an

Matthias. Schon bald wurde das Bett neu belegt. Zwei Schwestern kamen in unser Kommando, eine zu uns, die andere in einen anderen Verwahrraum. Der gewisse Alltagstrott war wieder da. Nun war es Mai. Wir kamen von der Frühschicht, es war alles so wie immer. Plötzlich ging die Tür auf, die Tierisch trat ein, wir standen stramm. „Strafgefangene Jauch, Sachen packen!" Tür zu. Ein lautes Getuschel und Gemurmel entstand. Ich schaute Anna und Moni an, Transport ist unüblich für diese Nachmittagsstunde. Was sollte das? Was hatte sie mit mir vor? Ich redete mir ein, es ist doch ein offizieller Transport. Ich zitterte am ganzen Körper, packte alle meine Sachen zusammen, wir umarmten und verabschiedeten uns, bis sie mich holte. Wir gingen den langen Gang entlang, alle meine Sachen in die Decke eingerollt, es war schwer. Treppen hoch, Treppen runter. Sie schloß die Tür auf, sagte, ich solle dort warten. Tür zu. Es war ein Raum, eiskalt, nicht geheizt, ein alter Duschraum mit Duschköpfen an den Wänden. Ich fing wieder an, am ganzen Körper zu zittern. Das ist kein normaler Transport, ich war dort ganz alleine. Nach vielleicht einer halben Stunde oder einer ganzen Stunde schloß sie die Tür auf und ich sollte ihr folgen, bis in ihr Büro. Dort setzte sie sich an ihren Schreibtisch und ich mußte Meldung machen: „Frau Unterleutnant, Strafgefangene Jauch meldet sich!" Sie lächelte mich mit ihren Raubtieraugen an und sagte: „Strafgefangene Jauch, Sie gehen nun in den Verwahrraum Nr. 4, damit die Geschwister zusammen sind." Das war's also. Ich war vollkommen geschockt. Ich sollte in den übelsten Verwahrraum, getrennt von Anna und Moni?! Ich hatte keine Wahl, als ich ankam, hatten alle Verständnis für mich, aber das half mir wenig. Ich mußte in den anderen Verwahrraum. Dort gab es eine schlimme asoziale und kriminelle Adele Neu. Die machte mir schon vom Aussehen her Angst, es war ein großes Trampeltier – laut, bösartig, primitiv, sie furzte, spuckte, ging jedem an den Hals und übertönte alle. Dort bekam ich das Bett in der Mitte, ich wurde noch ruhiger und schweigsamer, fühlte mich so ausgesetzt und hilflos. Durchhalten, durchhalten sagte ich mir immer wieder. Bald ist der Mai vorbei und dann sollte ich wieder Briefe schreiben können und Sprecher haben. Eines Tages kam sie wieder rein und sagte: „Strafgefangene Jauch, ich habe ein Päckchen für Sie, mitkommen!" Ich freute mich, sie schloß mich wieder in die Dusche ein, wieder mußte ich in diesem

111

kalten Raum warten, aber dieses Mal wußte ich, daß ein Päckchen von meinen Eltern da war. Nach bestimmt über einer Stunde, schloß sie auf, ging wieder in ihr Büro, setzte sich, ich machte Meldung. Man glaubt es wirklich nicht, man ist vom Donner gerührt. Sie sagte: „Strafgefangene Jauch, jetzt ist es zu spät, Sie bekommen es morgen!" Das war der absolute Hammer. Das nenne ich Schikane vom Feinsten. Wie traurig, wie bescheuert ich mir vorkam.

Nun sprach sich schnell herum, daß Ende Mai/Anfang Juni ein Sprecher für die politischen Frauen mit ihren eingesperrten Männern sein sollte. Das war eine Aufregung! Unsere Ehemänner saßen in Cottbus oder Bautzen. Dann war es endlich so weit, man führte die politischen Frauen aus den verschiedenen Kommandos durch die Gänge. Wir waren voller Erwartung, Freude, Zuversicht und Glück. Im großen Eßsaal waren kleine Tische verrutscht wurden. Matthias saß schon da, ich mußte mich ihm gegenüber setzen, die Tierisch setzte sich dicht neben uns. Ich sah andere Tische, wo sich Mann und Frau allein gegenübersaßen. Aber sie klebte wie eine Klette zwischen uns. Dann passierte die Katastrophe: Als wir uns verabschieden mußten, faßten wir uns schnell an den Händen und wollten uns ganz kurz einen Kuß geben, uns berühren, da kam von der Tierisch eine Hand, zog mich mit Gewalt an den Haaren, riß mir ein Büschel raus, kniff mich ins Gesicht und kratzte mich. Wir waren geschockt. Matthias sein Wärter kam sofort und führte ihn weg. Sie ersparte mir keine Demütigung. Am anderen Tag schien es, als ob mich alle Strafgefangenen und Ober-/Unterleutnants kennen. Ich hatte blaue Flecken im Gesicht, mein Kopf tat weh, es sprach sich schnell herum, wie brutal sie zwischen uns gefahren ist. Das war so nicht normal. Ich sagte schon, langsam erfuhr ich in Hoheneck, was Haß ist, aber nach dem Sprecher mit Matthias, war das Wort in mir in die Tat umgesetzt wurden.

Nach ein paar Tagen, als ich mich wieder gefaßt hatte, schrieb ich an den Haftstaatsanwalt eine Beschwerde.

Samstag, den 14.06. gab mir die Tierisch den Auftrag, einen positiven politischen DDR Artikel zu schreiben, den sie Sonntag haben wollte. Ich hatte eine Wut. Sollte ich, sollte ich nicht? Vom Wollen war keine Frage, aber wenn nicht, was hatte das wieder für Auswirkungen? Sie wußte genau, was am Montag geschah, als sie mir noch einmal einen reindrückte. Tatsächlich machte ich mir die Mühe, einen Artikel zu schreiben, so ausweichend wie möglich. Sie holte ihn sich am Sonntagabend nicht, er lag am Montag auf dem Tisch bereit.

Abschiebehaft Karl-Marx-Stadt

An diesen Montag, den 16.06., hatten wir Frühschicht, 03:00 Uhr aufstehen, ich überlegte noch kurz, welche Hose ich anziehen sollte, ein ganz normaler Montag. Wir gingen zum Frühstück, dann in die Arbeitsräume. Ich saß an meiner Nähmaschine, es war so 07:00 Uhr in der Früh und ich war vertieft in meine Gedanken. Plötzlich erschien die Tierisch, ich beachtete sie gar nicht, die kann mich mal, meine Gedanken sind frei. Doch dann stellte sie sich mitten in den Raum: „Strafgefangene soundso, Strafgefangene ..., Strafgefangene Jauch, Strafgefangene..." Da horchte ich plötzlich auf, war das mein Name? Nein, sicher hatte ich mich verhört. Doch da kamen schon Anna und Moni angelaufen, sie umarmten mich. Ich konnte es gar nicht fassen, war baff. Ganz schnell gab ich mein Netz mit der Thermosflasche an Anna und Moni, sie sollten es einer neuen geben. Ich fiel ihnen in die Arme, lachte, weinte und schluchzte – ich geh auf Transport. Der Spuck ist vorbei! Sie führte mich in den Verwahrraum. „Zehn Minuten, dann hole ich Sie, Sachen packen!" Nichts lieber als das! Schnell verteilte ich meine persönlichen Dinge auf die Betten, an die, die mir nahe standen. Mein Glück kaum fassend, stopfte ich alles in eine große Decke, da kam sie auch schon, ich ging ihr hinterher, auf dem Gang sammelten wir noch 5-6 andere auf, die mit mir gingen. Scheinbar konnte ich es nicht erwarten und ging schnell, schneller als die anderen die Gänge und Treppen entlang. Sie schloß eine Tür auf und weg war sie! Für immer! Wir waren bei dem Effekten, der uns unsere persönlichen Dinge packte, prüften und unterschrieben die Richtigkeit sowie Vollständigkeit. Nach kurzer Zeit schob sich ein großes Eisengitter auf und ein grünes Gefängnisauto wurde geöffnet. Wir waren vielleicht 10-12 Leute. So kamen wir nach nicht so langer Fahrt am 16.06. in Karl-Marx-Stadt, heute Chemnitz an.

Man erzählte sich, bevor man in den Westen abgeschoben wird, ist man einige Tage in einem Übergangsgefängnis. Dort gibt es einen Friseur, man kann sich ordentliche Sachen kaufen, alle seien nett und freundlich. Nichts von alle dem erwartete mich dort.
Wir waren zu sechst in einer Zelle mit Waschbecken und Toilette.

An meinem Metallbett ritzte ich mit dem Fingernagel Striche, da-mit ich wußte, wie viele Tage ich da war. Wir rätselten alle, wie es nun weitergeht. Die Tage dort waren quälend, eintönig und äng-stigend, stand doch jetzt unsere Zukunft auf dem Spiel. Das Essen war scheußlich. An zwei Tagen wurde ich in kalte große Zimmer geführt, man fragte mich noch einmal, ob ich nicht doch lieber in der DDR bleiben wollte. Dies verneinte ich mit all meiner noch vorhandenen Kraft. Ich unterzeichnete eine Art Urkunde mit der Aberkennung der Staatsbürgerschaft der DDR. Das war der pure Genuß! Auf meine dringende Frage, ob mein Mann auch hier ist, bekam ich keine Antwort. Dann wurden nochmals Fotos gemacht. Für die politische Verbrecherkartei der Staatssicherheit. Und dann warten, jeden Tag einen Strich. Als man uns eines Morgens holte, waren 18 Striche an meinem Bettpfosten.

Fahrt in die Freiheit

02.07.1981 – Unser neues Leben begann mit der wundervollen Urkunde „Entlassung aus der Staatsbürgerschaft DDR" und den Entlassungsschein. Wir kamen in die Kleiderkammer. Endlich, endlich diese Gefängnissachen ausziehen. Meine eigene Unterwäsche, es fühlte sich an, als wenn Weihnachten und Ostern zusammenfiele. Ein unbeschreiblich herrliches Gefühl, die eigenen Kleidungsstücke anzuziehen. Ich fühlte mich wie eine Königin. Meinen Ehering, meine Uhr, alles war wieder bei mir, als hätte ich ein ganzes Jahr nur geschlafen. Wir alle waren aufgeregt, was würde nun passieren? In einem Gang warteten wir, bis alle Frauen da waren. Dann ging ein Tor auf, wir traten in die Freiheit hinaus. Nur wenige Schritte entfernt standen zwei Busse. So geht das also mit dem Ost-/West-Transport der politischen Gefangenen. Bis ins Detail organisiert. 80 politische Häftlinge wurden im Gegenzug für den Kanzlerspion Günter Guillaume ausgetauscht, verkauft.

Frei, ohne Bewachung, ging ich auf den Bus zu. Ich berührte ihn vorsichtig. Er war hart, es ist keine Seifenblase, die gleich zerplatzen würde, kein Traum, den ich träumte. Da stand mein Bus, ich streichelte ihn und ging ganz langsam die Treppen hoch. Ich setzte mich ans Fenster und schaute mich um – kommt Matthias? Ist er wirklich da? Ja, ja, ja, er kommt, er ist da, wir sind wieder zusammen! Wir umarmten und küßten uns und keiner zieht mir dafür meine Haare raus! Nie wieder!

116

URKUNDE

Anke Jauch geb. Zaremba

geboren am 02.02.1959   in   Leipzig

wohnhaft in   Leipzig, Bernhard-Göring-Str. 129

wird gemäß § 10 des Gesetzes vom 20. Februar 1967 über die Staatsbürgerschaft
der Deutschen Demokratischen Republik (GBl. I S. 3) aus der Staatsbürgerschaft
der Deutschen Demokratischen Republik entlassen. Die Entlassung erstreckt sich
auf folgende kraft elterlichen Erziehungsrechts vertretene Kinder:

geboren am   in

geboren am   in

geboren am   in

Die Entlassung aus der Staatsbürgerschaft der Deutschen Demokratischen Republik wird gemäß § 15 Abs. 3 des Staatsbürgerschaftsgesetzes mit der Aushän-
digung dieser Urkunde wirksam.

Berlin

den 22.06.1981

Ausgehändigt am 02.07.81

Entlassungsschein

Name .... JAUCH ....

Vorname ...... Anke ....

geb. am .... 2. 2. 1959 .. in .... Leipzig ....

wurde am .. 2. 7. 1981 .. nach .. der BRD .... entlassen.

Er/Sie befand sich seit ....
in Untersuchungshaft/im Strafvollzug.

(Dienstsiegel)   Unterschrift

P.H. 50113

Block ... E ...

Registrierschein / Einweisungsbescheid

Name: ... J a u c h / Zaremba .... Vorname: ... Anke ...

geboren am ... 02.02.59 .. in ... Leipzig .... Fam. Stand .. vh. ..
                        geb

Beruf .... Kosmetikerin ....

letzter Wohnsitz außerhalb der Bundesrep. .. DDR: Leipzig ....

zugewiesen von Friedland / Nürnberg / Berlin / Gießen am ...... 07.07.1981 .....

Aufnahme in der Landesstelle Unna-Massen am .... 07.07.1981 .....

Einweisung nach .... Kr. ....

am ... 14.08.1981 ...
Aufnahme durch das Notaufnahmelager
Gießen, Berlin/Grenzdurchgangslager
Friedland, Nürnberg

vom .. 06.07.1981 ..
· Sollanrechnung ·

gez. Stocker

.... werden!

Alle im Bus sind überwältigt, glücklich, lachen, erzählen leise. Aber noch sind wir hier, noch fährt der Bus nicht fort, dahin, wo wir alle es uns so gewünscht haben. Dr. Vogel begrüßte uns auf das herzlichste und informierte uns wie es nun weitergeht. Er selber fuhr im privaten PKW unserem Bus voran. Zwei Staatssicherheitsbeamte fahren mit uns mit. Wir erreichen die Grenze. Zwei Stasimänner stiegen aus, die Nummernschilder der beiden Busse wurden automatisch gewechselt. Ein Aufatmen, ein nicht so richtig fassen können, ging durch den Bus, dann ein Jubel: „Wir sind frei, wir sind im Westen!" Kurz nach der Grenze hielt der Bus an einer Raststätte. Dr. Vogel und eine andere Begleitperson stiegen wieder zu uns in den Bus. Hier sind wir willkommen. Wir bekamen ein ganz leckeres Brötchen, dessen Geschmack wir nach dem Gefängnisfraß nicht so schnell vergessen. Es war der 02. Juli 1981 und wir waren in Gießen. Dr. Vogel erzählte uns, wie schwer es bei einigen gewesen sei sie frei zu bekommen. In dem Sammellager brannte Licht, wir wurden herzlich empfangen. Es gab Essen und Trinken und viel, viel Obst. Für den kommenden Tag und für die nächsten Tage bekamen wir, sehr viel Papier zum abarbeiten. Es war dunkel und spät am Abend. Matthias und ich waren nun in einem gemeinsamen Zimmer untergebracht. Welch ein Gefühl! Pro Person gab es 20 Westmark. Am nächsten Tag arbeiteten wir die Liste ab, die man uns gab: Krankenstationen, Untersuchungen, Fragen, Formulare. Am Nachmittag ging ich mit Matthias Hand in Hand, sehr langsam und vorsichtig durch die Stadt Gießen. Oh, welch Schaufenster, wir waren überwältigt. Alles war so sauber, frisch, fein und einfach wunderbar. Wir sagten uns: „Wir zwei schaffen es, wir gehen den Weg gemeinsam und kämpfen. Überglücklich und etwas wehmütig riefen wir unsere Eltern an. Ob sie sich mit uns so freuten, weiß ich nicht. Sie wußten nun, daß wir frei sind und sicher darüber sehr glücklich waren und doch waren nun ihre Kinder weg, weit weg, ein Wiedersehen nicht planbar und absehbar. Wir hatten nun auch alle Hände voll zu tun, in unseren Köpfen spielte das Vergangene fast keine Rolle mehr. Zeit zum Aufarbeiten nahmen wir uns nicht. Die Zukunft mit all seinen Facetten stand vor uns. Noch in Gießen mußten wir uns entscheiden, in welches Bundesland wir gehen wollten. Uns stand alles offen. Viele andere wurden von Verwandten in Gießen abgeholt. Sie wußten, wie es weitergeht. Andere riefen Freunde an, die sie in den nächsten Tagen in die neue Heimat brachten.

Es war eine große Tafel im Raum mit den Bundesländern aufgestellt worden. Wir führten intensive Gespräche und ließen uns beraten. Da war Hamburg, München, Berlin, Köln, Düsseldorf. Wir entschieden uns für Nordrhein-Westfalen. Den 2. Hochzeitstag feierten wir in Gießen zusammen. Was war ein Jahr gegen den Rest des Lebens? Schon jetzt wußten wir, unser Schritt hatte sich gelohnt. Ein Jahr Entbehrungen und Schikanen wogen das Glück, was wir jetzt empfanden, mehr als auf. Schon in Gießen wußten wir, daß es richtig war, unsere Entscheidung für unser Leben. Nach ein paar Tagen gab man uns eine Zugfahrkarte in das Übergangsheim Unna-Massen. Dort waren viele Wohneinheiten. So groß hätten wir uns das nicht vorgestellt. Vor allem viele Polen und Rußland-Deutsche waren dort. Wieder etliche Formulare, Gespräche, Gesundheitscheck. Es ging turbulent und laut zu. Wir blieben eine Woche. Unser Ziel hieß Neuss, am Rhein. Flurstraße, ein Übergangsheim, bestehend aus drei Häuserblöcken. Wir teilten uns die Küche und die Toilette mit anderen, sie kamen aus Polen. Wir hatten ein Zimmer mit Doppelstockbett. Das erste, was wir taten, waren die Betten auseinanderzuschrauben und nebeneinander zu stellen. In dem Zimmer waren ein Tisch, zwei Stühle, die Betten und ein alter Schrank.

Wahlheimat Neuss

An dem Tag, als wir in Neuss angekommen waren, kam eine Frau vom DRK. Sie gab uns Besteck, einen Topf, Handtücher und viele Kleinigkeiten, da wir ja gar nichts hatten. Am nächsten Tag ging sie mit uns in die Kleiderkammer und wir suchten uns ein paar Kleidungsstücke zum Wechseln aus. Sie gab uns auch etwas Geld, damit wir uns bei den Ämtern melden konnten. Dieses Geld für die Bus-/Bahnfahrten sparten wir uns aber. Es war Sommer und so liefen wir die 5 km bis in die Innenstadt, um uns beim Arbeitsamt, Sozialamt, Stadtverwaltung, Ausgleichsamt, usw. zu melden. So lernten wir zu Fuß unsere neue Heimat kennen. Matthias fand schnell einen völlig unterbezahlten, aber für uns so wichtigen ersten Job. Innerhalb von zwei Monaten mußte er beruflich nach Mannheim für eine Woche. Das hieß für mich wieder allein sein. Es war laut und die Polen machten Halli-galli, bis in die Nacht. Ohne Matthias war alles noch so neu. Sie traten auch schon mal an die Tür oder bewarfen die Fensterscheiben. Im Dezember war ich selig! Endlich, ich war schwanger. Auch wenn es für andere so aussah, als ob es noch nicht der richtige Zeitpunkt sei, aber das war das schönste für mich, für uns, was passieren konnte. Wir sagten uns, wenn wir es zu zweit schaffen, dann auch mit Baby.

Generalstaatsanwaltschaft

4000 Düsseldorf 1, den 3. August 1981
Harleßstraße 1a
Fernsprecher: 638021
Fernschreiber: 8586327 GStU

Geschäftsnummer: __4 AR (RH) 52/81__

Es wird gebeten, bei allen Eingaben die vorstehende
Geschäftsnummer anzugeben

Frau

Anke Jauch

Flurstraße 1/4 A

4040 Neuss 1

__Betr.:__ Ihr Antrag vom 16. Juli 1981
auf Feststellung der Unzulässigkeit der Vollstreckung
eines Urteils gem. § 15 RHG

Sehr geehrte Frau Jauch !

Auf Ihren Antrag wird gem. § 15 des Gesetzes über die
innerdeutsche Rechts- und Amtshilfe in Strafsachen vom
2.5.1953 (Bundesgesetzblatt I 161), zuletzt geändert
durch Gesetz vom 18.10.1974 (BGBl. I 2445), festgestellt,
daß die Vollstreckung des Urteils des Kreisgerichts
Leipzig-West vom 15. Oktober 1980 unzulässig ist.

Hochachtungsvoll

(Bröhmer)
Oberstaatsanwalt

Matthias bekam bald ein höheres Gehalt und so konnten wir uns eine eigene Wohnung suchen. Von der Haftentschädigung bezahlten wir beide unseren Führerschein. Somit waren wir flexibel und lernten die Straßen von Neuss kennen. Das langersehnte Treffen in Prag mit unserer Familie organisierten wir für November. Das lief genauso ab, wie ich es mir an der Nähmaschine erträumt hatte. Unsere erste eigene Wohnung in unserer Wahlheimat fanden wir in Uedesheim am Rhein, eine Neubauwohnung, 70 m², mit Balkon und Blick auf die Felder. Das schönste Zimmer war das Kinderzimmer. Nun waren wir zu Hause angekommen. Überglücklich empfingen wir unsere Tochter am 07.09.1982. Wir haben unser Leben fest im Griff, so wie wir es haben wollten. Wir gehen zielstrebig unseren erträumten Weg und entscheiden selber, was und wie geschieht, das ist die Freiheit, die wir uns erkämpft und ersehnt haben.

20 zur Inf.

2.3

Eltern sollen ÜSE in ~~BRD~~ ziehen

bzw. Jandler (Invalidenrentnerin) soll bei Kurzbesuchsreise in BRD bleiben

4 n. vorh.

ZMA 716

1 Xerox KD Land
1 Xerox KD Stadt

3. Nov. 1984

J. geb. Zaremba, Anke 2.2.59

Abs. Jauch, Matthias, 10.6.56
erf. KD Land

Empf.

- lt. Briefinhalt Inv.-Rentnerin
- Reise geplant nach BRD, die ev. zum ungesetzl.Verl.genutzt werden soll
- Z. liegt in BKG nicht ein

BKG/rei

Z. 18.11.22
9 h 13.10.30

465 Gelsenkirchen W. 32
4053 Forschenbroich

4058

Fam.
E.-Zaremba
Bernhard-Göring-Str.
129

7030 Leipzig

lpz ZMA BV-lpz 00716
KD lpz-Land

DIR

Lpz. ZMA BV-Lpz. 00716
KD Lpz.-Land

HA VI   - 74 - (75)   BERLIN, 28.07.86
ABT. AGV   21.01 UHR

                                          710

LPZ LEIPZIG LAND   3205

VERW.-NR.: LYA2580   REG.-NR.(ALT): 329119

          S P E R R E   REISENDER

                              ┌─────────────────┐
                              │   BStU   │
                              │   00C050   │
NAM: JAUCH,ZAREMBA   │   │
  IM: ANKE   └─────────────────┘
GEO: 02.02.59   GBO: LEIPZIG
WOT:

290786-1908-32-0591   PS238826

JAUCH   ANKE   02.02.59
GEB.NAME: ZAREMBA   GEB.ORT: LEIPZIG
PERS.DOK: G 6070196   STAAT : D
4052 23
KOSMETIKERIN

  20.09.86 - 24.09.86 KR.:LEIPZIG

GUEST) WAA   KFZ   : NE-NE 610

            ERICH   18.11.22 4 24928

7030 LEIPZIG
     AWG LEIPZIG

Rückverbindung

[mehrere unleserliche Zeilen oben links]

Information | A/9245/14/3/86

Lpt. 2H/A BV-Lpt. 0016
KD Lpt. - Land

zu einer DDR-Bürgerin, deren Tochter
Anke in der BRD lebt.
Über den Telefonanschluß Leipzig 4 32 31
(Rechnungsempfänger:
Chem. Werk Miltitz
Komb.-Leitung und Stammbetrieb Miltitz
7154 Miltitz
Geschwister-Scholl-Str. 21)
hält die DDR-Bürgerin Kontakt zu
ihrer Tochter Anke.

Die ehemalige DDR-Bürgerin Anke darf anläßlich der Beerdigung
der Oma nicht in die DDR einreisen.
Die Mutter von Anke hatte für ihre Tochter die Aufenthalts-
genehmigung für 3 Tage beantragt.
Anke ist sehr enttäuscht und findet die Ablehnung gemein.
Sie hat die DDR doch schon vor ca. 5 Jahren verlassen.
(Sie lebt in der BRD mit ihrem Mann Matthias und ihrer Tochter
"Sinchen" = Kleinkind)
Die Mutter von Anke ist sehr verzweifelt und empfindet die
Ablehnung als hart und unmenschlich. Der Vati ist auch sehr
betroffen.
Ankes Mutter wollte an E. Honecker schreiben. Sie und Anke
sind der Meinung, daß das wenig Sinn hat.
Anke soll der Mutter "die volle Adresse" (unklar, welche
Adresse hier gemeint) schicken, was Anke in einem Brief
an den Vati schon getan hat. Anke hat in diesem Zusammenhang
festgestellt: "Da machen wir es (eben?) so!"
(Eventuell Treffen im Sommer gemeint?)
Zur Kommunion will die Mutter für Anke erneut die Einreise
in die DDR beantragen.
Anke und ihre Mutter sind kirchlich gebunden.

————

Jauch, Anke   2.2.59
"   Matthias;   10.6.56

Prüfe mir !

aus Akte frz. ZMA Bu Lpz ou F16 ,
KD 42 - band

24	Feststellung/Beanstandung	Entscheidung	Feststellungsort	Verwendungezw	KH (m.E.)
25	Treff in Keszthely UVR				
26	---------- Nicht beschreiben! ----------				
27	KA-Lebens-u. Genuß- mittel	B/B	im Gepäck	e.B.	GK
28	---------- Nicht beschreiben! ----------				
29	4 Paar Strumpfhosen	B/B	im Gepäck	für Frau	GK
30	---------- Nicht beschreiben! ----------				

31	Wert eingez. Gegenst.	Wert eingezogener ZM	Höhe Mehrfachgebühr	Höhe Gegenwerteinz.

32 Ergänzungen zum Sachverha

mit seiner Fr

elstr.17)(für 14 Tage
der UVR, in Keszthely in einem Privatquartier. Bei
der Kontrolle des Gepäcks wurden die Strumpfhosen,
Kaffee, Schokolade, 4 Beutel Tabak und 3 Kodakfilme
festgestellt. Diese Gegenstände bekamen die Bg. von
ihrem Sohn aus der BRD(u.g.K.P.), der mit ihnen gemeinsam den Urlaub dort verbrachte.
An dem Zusammentreffen nahm auch die Ehefrau des
BRD Bg. Jauch, Anke geb. Zaremba geb. am : 2.2.59
teil. Beide ehemalige DDR-Bg. sind vor 5 Jahren
in die BRD übersiedelt. Seit dieser Zeit kam es zum
ersten Zusammentreffen im soz. Ausland. Weitere
Zusammentreffen sind geplant.

(Name, Dienstgrad)

33 Folgende Sachen werden mit übergeben:

Sachverhalt, auf Antrag 1 Person

34 Übergabe/Übernahme

HAUPTABTEILUNG VI/ ABTEILUNG FAHNDUNG   30.09.86

LPZ LEIPZIG LAND

MA: 3205

IHRE FAHNDUNGSMASZNAHME IST ORDNUNGSGEMAESZ REGISTRIERT
UNTER DER VERWALTUNGSNUMMER :   LYA 2580

```
┌─────────────────┐
│  BStU           │
│  000075         │
└─────────────────┘
```

NAME :   JAUCH

VORN: ANKE

GEB. :   02.02.59

DIE FAHNDUNGSMASZNAHME IST WIRKSAM IM/BIS:

VERLAENGERUNGEN SIND UNTER AN-GABE DER VERWALTUNGSNUMMER,DER VERKEHRSART UND DER NEUEN LAUF-ZEIT DURCH HA/SELBST.ABT. 15 TAGE VOR ABLAUF DER FRISTEN BEI DER HAVI BZW.DURCH DE DER BV 20 TAGE VORHER BEI DER ZUSTAEND. ABT.VI ZU VERANLASSEN.	TRANSIT-DRITTSTAATEN 31.12.99
	EINREISEVERKEHR-NICHT ANTRAGSPFL. 31.12.99
	EINREISEVERKEHR-ANTRAGSPFLICHTIG 31.12.99
	TRANSIT-FLGHFN.SCHOENEFELD-RUD.CH. 31.12.99
	ANTR./PRUEF.U.ENTSCHEID.VERF./EINR.31.12.99

LEITER DER ABTEILUNG

E   OBERSTLEUTNANT

Post an unsere Eltern wurde ständig kontrolliert und einbehalten. Telefonate wurden überwacht. Treffen mit unseren Eltern gezielt verfolgt.

Und wie man sieht, hätten diese Fahndungsmaßnahmen bis 31.12.1999 angedauert, ja, wäre die Mauer nicht eingestürzt.

Verhaftung in Dragoman

Besuch nach
26 Jahren in
Hoheneck

Schlußwort

Liebe Leserin, lieber Leser,

schön, daß Sie mich bis zum Ende meines Buches begleitet haben. Hinter uns liegt ein Stück deutsche Vergangenheit.

Vielleicht fanden Sie den Titel spannend oder Sie haben ähnliches am eigenen Leib zu spüren bekommen oder Freunden erging es so wie mir.

Ich hoffe, ich konnte auch den Menschen interessant berichten, die davon noch gar nichts ahnten.

Vor allem würde ich mich freuen, wenn sich unsere jungen Leute damit auseinander setzen, denn unsere deutsche Geschichte geht uns alle an.

Am 02.10.2006, nach 25 Jahren besuchte ich mit meiner Familie Hoheneck. Durch die freundliche und persönliche Führung durch Herrn Walther arbeitete ich das Kapitel Zuchthaus auf. Sämtliche Gebäude sind labyrinthartig gebaut, daß ist Absicht gewesen damit sich keiner zurecht finden konnte. Jegliches Personal wurde wiederum überwacht von der Staatssicherheit. In den Rohrschächten, allen Zellen sowie auf den Gängen befanden sich Wanzen, Mikrofone. Das Zuchthaus Hoheneck dient nun als Mahn- und Gedenkstätte.

Wenn Sie mir Ihre persönlichen Erfahrungen mitteilen möchten, dann würde ich mich sehr freuen. Schreiben Sie mir einfach an folgende e-Mail-Adresse (anke.jauch@t-online.de) oder an den Frankfurter Literaturverlag.

Ich wünsche Ihnen, daß Sie in unserem schönen Deutschland gesund und glücklich leben.

Ihre Anke Jauch

Dank

Meine Familie trug während meiner Inhaftierung die Hauptlast. Ihnen danke ich für ihre Tapferkeit und den Mut mir beizustehen. Sie haben mir ihre ganze Kraft und Liebe durch die Mauern hindurch geschenkt. Nur so konnte ich die dunkelsten Tage überstehen mit dem vertrauensvollen Gefühl, daß sie wohlwollend hinter mir standen.

Ich danke Irene, die mir Mut gemacht hat dieses Buch zu schreiben.

Mein tiefer Dank gilt der alten Bundesregierung und Herrn Dr. jur. h.c. Wolfgang Vogel mit seinen Unterverhändlern. Ohne ihre ständige intensive Zusammenarbeit zwischen Ost und West wäre mein Leben nicht vollkommen verlaufen.

Sinah danke ich für die kritische Durchsicht des Manuskriptes. Ihre Korrekturen waren hilfreich.

Herzlich danke ich unserem Freund Karl-Heinz Lehmann für seine konstruktive, anregende und ergänzende Meinung des gesamten Buches.

Ich danke allen meinen Freunden und Bekannten, die uns damals herzlich aufgenommen haben und bis heute verbunden sind.

Michael, der uns diese neue Welt zeigte und unsere Sachen von Leipzig nach Neuss über die Grenze brachte.

Erika und Hans Radtke, die uns wie ihre eigenen Kinder aufnahmen.

Besonders danken möchte ich meinen Zellengefährtinnen Maritta, Anne und Kornelia, die mit mir gemeinsam die schwere Zeit verbracht haben.

Dem Falk Verlag danke ich für die freundliche Genehmigung zum Kartenausdruck.

Herrn Michel Walther, der mir und meiner Familie eine persönliche und fachkundige Führung durch das Zuchthaus Hoheneck ermöglichte. Es ist nun eine Mahn- und Gedenkstätte, die sich jeder interessierte Bürger anschauen kann, mit all ihren schrecklichen Gegebenheiten von der Arrest-Nasszelle bis hin zum Kohlenhof und Stacheldraht. Es lohnt sich!

Besonderen Dank gilt der Frankfurter Verlagsgruppe, die mich als neue Autorin ernst nahm und in beeindruckender Weise unterstützte.

Matthias danke ich für seine Geduld und tatkräftige Unterstützung in jeder Beziehung. Mit ihm würde ich auch nach Alaska auswandern.
Ich danke meinem Schöpfer für die Kraft, die er mir gibt.